원하는 삶의 성취를 위한 현대인의 필수 조건

자기경영 헬스케어

원하는 삶의 성취를 위한 현대인의 필수 조건
자기경영 헬스케어

초판 1쇄 인쇄 2024년 10월 11일
초판 1쇄 발행 2024년 10월 30일

지은이 정성훈

발행인 백유미 조영석
발행처 (주)라온아시아
주소 서울특별시 서초구 방배로 180 스파크플러스 3F

등록 2016년 7월 5일 제 2016-000141호
전화 070-7600-8230   **팩스** 070-4754-2473

값 23,000원
ISBN 979-11-6958-130-1 (13190)

라온북은 독자 여러분의 소중한 원고를 기다리고 있습니다. (raonbook@raonasia.co.kr)

원하는 삶의 성취를 위한 현대인의 필수 조건

자기경영 헬스케어

정성훈 지음

SELF-MANAGEMENT OPERATING SYSTEM

초고속
인체 에너지
충전 기술
수록

인문과학 기반 심신통합 건강 기술로
당신의 삶에 놀라운 변화를 가져다 줄
건강 바이블!

RAON
BOOK

〈자기경영 헬스케어〉로 건강, 행복, 성숙, 성장 속에 꿈과 목표를 실현하자.

〈자기경영 헬스케어〉는 현대인들의 소진된 육체적·정신적 에너지를 스스로 충전할 수 있도록 하여서 균형 잡힌 심신통합 건강을 추구하도록 돕는 '심신통합 에너지 충전기술 교육'이자, '삶의 운영기술 교육'이다. 의학, 뇌과학, 양자 물리학에 기반한 〈자기경영 헬스케어〉는 스트레스, 우울증, 무기력, 번아웃 증후군, 자살 등의 사회 구조적 질환을 예방 및 극복하도록 돕는다.

〈자기경영 헬스케어〉는 컴퓨터에 비유하여, 하드웨어와 소프트웨어에 해당하는 육체와 정신을 균형 있게 에너지 충전하여서 활기·활력 속에 심신통합 건강을 회복한다. 그리하여 원하는 생각에 집중하고, 감정과 마음을 스스로 조절하여, 건강하고 행복하게 꿈과 목표를 실현하도록 한다. 그러한 삶은 사람이 성숙하고 성장하도록 만든다.

18세기 중엽 영국에서 시작된 1차 산업혁명을 시작으로 2차, 3차 산업혁명을 거쳐 지금의 4차 산업혁명 시대까지 오면서, 물질문명은 급속하게 발전하였고, 눈부신 과학의 발전과 경제 성장은 우리에게 많은 편리함을 제공하였다. 하지만 치열한 경쟁과 빈부격차 등 그만큼의 많은 사회적 부작용도 일으켰다. 거기다가 4차 산업혁명 시대에 들어서면서 고도로 발전해온 인공지능(AI)이 기존에 인간이 해오던 육체적·정신적 노동력을 대신하기 시작하면서 수많은 사람이 일자리를 빼앗기고 있다. 이러한 시대적 흐름과 치열한 경쟁 사회에서 현대인들은 자기관리 능력을 상실한 채로 극심한 스트레스, 우울증, 무기력, 번아웃 증후군, 자살 등의 사회적 질환에 시달리고 있다.

특히 21세기 들어서 수많은 자기계발서가 쏟아져 나왔음에도 불구하고 현대인들의 몸과 마음은 갈수록 지쳐가고 있다. 이러한 시점에서 현대인들에게 가장 시급한 것은 바로 지친 육체와 정신의 건강을 스스로 관리할 수 있는 역량을 갖추는 것이다. 아울러 새로운 패러다임의 삶에 대한 열정과 용기 그리고 꿈과 희망이 필요하다. 그것이 바로 소진된 육체와 정신의 에너지를 스스로 충전하며, 심신통합 건강을 바탕으로 꿈과 목표를 실현하도록 돕는 〈자기경영 헬스케어〉가 필요한 시대적 이유이다. 그로 인해 스트레스, 우울증, 무기력, 번아웃 증후군, 자살 등의 사회적 질환이 예방되고 극복될 수 있다.

컴퓨터는 운영체계(Operating System)에 의해 하드웨어와 소프트웨어가 통합된 기능을 발현하듯이, 사람도 자기경영 운영체계(Self-Management Operating System)에 의해 육체(Physical Body)와 정신(Spiritual Body)이 통합된 기능을 발현할 수 있다. 〈자기경영 헬스케어〉는 스스로 생각과 감정과 육체의 주인임에 대한 정체성을 자각하고, 자신의 꿈과 목표가 이미 현실로 실현되어있는 미래기억을 기반으로 창조력과 생산력을 발현하도록 돕는다. 여기서 말하는 미래기억이란, 뇌과학에서 언급하는 전전두엽 기능의 일부로써, 자신의 꿈과 목표가 이미 현실로 실현되어있는 차원에서 생각하는 사고회로이다. 이러한 미래기억은 현실의 매 순간들이 미래기억의 상황으로 이르게 하는 중요하고 소중하고 감사하고 행복한 과정임을 인식하게 한다. 또한, 삶의 목적이 자신의 성숙과 성장임을 자각하여, 살면서 자신에게 주어지는 매 순간을 중요하고 소중하고 감사하고 행복하게 흡수해야 함도 알도록 돕는다. 그러므로 인해 삶에 대한 집중력이 놀랍도록 극대화되며, 행복지수는 매우 탁월하게 향상될 것이다.

이 책에서 소개하는 〈자기경영 헬스케어〉는 당신의 삶에 놀라운 변화를 체험으로 가져다줄 것이다. 또한, 그러한 변화가 주변으로부터 적극적인 호응을 얻도록 해줄 것이다. 그리고 스스로 생각과 감정과 육체를 다스릴 수 있게 하면서, 건강·행복·성숙·성장·성공이라는 다섯 마리의 토끼를 동시에 잡도록 도울 것이다. 그리하여 그러한 개인의 변화들이 모여서 사회와 국가 그리고 지구촌 전체로의 변화로 확산이 될 것이라 기대한다. 이러한 바람과 뜻을 담아서 이 책을 인류 앞에 바친다.

2024년 10월 3일
〈자기경영 헬스케어〉 개발자
대구한의대학교 정성훈 교수

Contents

Chapter.1

인문과학 기반 삶의 운영기술교육
〈자기경영 헬스케어〉가 절실한 현대사회

Chapter. 2

뇌과학의 입장에서 보는
〈자기경영 헬스케어〉

Chapter. 3

의학의 입장에서 보는
〈자기경영 헬스케어〉

Chapter.4

양자물리학의 입장에서 보는
〈자기경영 헬스케어〉

Chapter.5

건강, 행복, 성숙, 성장을 돕는
자기경영 운영체계

Chapter.6

창조력 발현을 돕는
사고 운영체계

Chapter. 7

육체적 에너지 충전을 돕는
인체 운영체계

Chapter. 8

초고속 인체 에너지 충전 기술
〈충전체조〉

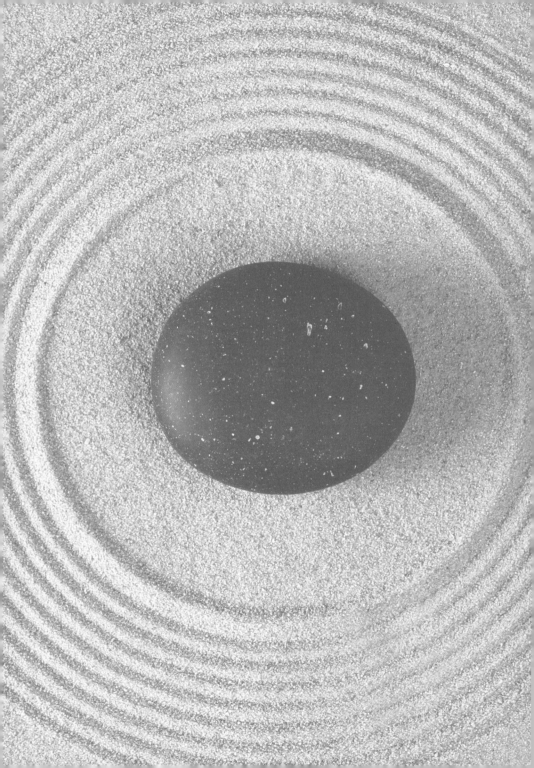

Chapter.1

인문과학 기반 삶의
운영기술교육
〈자기경영 헬스케어〉가
절실한 현대사회

1

자기경영 헬스케어란
무엇인가?

　자기경영 헬스케어(Self-Management Healthcare)는, 개인이 자신의 건강과 웰빙을 주도적으로 관리하기 위해, 그에 대한 목표와 계획을 스스로 설계하고 이를 달성하기 위해 행동하는 방식을 말한다. 이는 건강 관리에 대한 패러다임이 기존의 의료 전문가 중심에서 개인 스스로가 자신의 건강에 대한 목표를 설정하고 관리하는 능동적 패러다임으로 전환하고 있음을 반영하는 것이다. 그리하여 예방적 건강 관리, 정신적 웰빙 유지, 건강한 생활 습관 관리 등에 중점을 두고 있다.

　〈자기경영 헬스케어〉의 주요 특징은, 분열적 건강 관리를 통합적 건강 관리로 / 타인 의존적 건강 관리를 자기 주도적 건강 관리로 / 저차원적 건강 관리를 고차원적 건강 관리로 한다는 것이다. 다시 말해, 몸과 정신의 분리된 건강 관리 개념에서 균형 잡힌 심신통합 건강 관리로 / 나의 몸과 정신의 건강을 스스로 책임지는 건강 관리로 / 단순한 몸 위주의 건강 관리에서 자기충전을 통한 과학적이고 효율적인 건강 관리 등으로 진행한다는 것이다.

이와 같은 〈자기경영 헬스케어〉의 주요 개념 및 핵심 요소를 살펴보면,

첫째, 자기 효능감(Self-Efficacy)을 강화하여 개인이 자신의 건강을 책임지고 관리할 수 있다는 믿음을 증진한다. 이는 개인이 건강 관리에 필요한 정보를 이해하고, 스스로 의사결정을 내려서, 자신의 건강 관리에 필요한 계획을 스스로 세우고 실천하도록 돕는다. 그리하여 개인이 건강 관련 행동 변화를 실천할 수 있도록 동기를 부여하며, 이를 통해 지속 가능한 건강 생활 습관을 형성하도록 돕는다.

둘째, 행동 변화와 건강교육을 강화한 이론을 바탕으로 하여 개인이 건강한 생활 습관을 유지할 수 있도록 교육하고 동기를 부여한다. 건강에 대한 자신의 목표를 설정하고, 건강에 대한 습관과 행동을 스스로 분석하여 실천 가능한 건강 습관을 지속하도록 돕는다.

셋째, 예방적 건강 관리 및 웰빙을 유지하도록 하여 질병에 대한 예방뿐 아니라, 스트레스 관리, 영양 개선, 정신 건강 유지 등 개인의 전반적인 웰빙을 관리하는 데 중점을 둔다.

현재 대구한의대학교에서 〈자기경영 헬스케어〉 교육 및 훈련

을 전문적으로 하면서 자기경영 헬스 전문 인재를 양성하는 학사/석사 학위 과정이 운영 중이다. 그리하여 초고속 인체 에너지 충전기술을 통한 신체적 건강 관리 능력 향상, 고차적 사고 훈련을 통한 목표 실현 창조력 향상, 〈자기경영 헬스케어〉에 관한 이론과 실기 능력 향상, 그 외 상담/코칭/멘토링/티칭 등의 지도능력 배양, 평생교육 지도력 향상 등 자기경영 헬스 전문 인력을 양성하여 〈자기경영 헬스케어〉를 통한 지역사회의 건강과 행복을 돕는 것은 물론이고, 심신통합 건강 관련 분야의 취업 및 창업을 통한 국가 경쟁력 강화에 기여 하고자 목표하고 있다.

끝으로, 〈자기경영 헬스케어〉의 효과에 관한 연구로는 스트레스 지각, 스트레스 강인성, 우울증, 회복 탄력성, 번아웃 증후군 등의 연구가 다양하게 진행되었으며, 향후는 뇌전도, 근전도, 심전도, 수면장애 등에 대한 향상 및 개선에 관한 효과적 연구도 다양한 연령층을 대상으로 계획 중이다.

2

〈자기경영 헬스케어〉 역량이
경쟁력인 시대

4차 산업혁명 시대를 맞이한 현대 사회는 빅데이터, 사물인터넷, AI, 드론, 디지털 콘텐츠 플랫폼 등 각종 산업의 발전을 중심으로 초고속, 초연결의 시대로 접어들었다. 과거와 비교해 모든 생활이 빠르고 편리해졌으며, 현대인들은 화려한 물질적 풍요를 누리고 있다.

한편으론 급변하는 사회 구조 속에서 미래에 대한 불안감과 소통 부재로 인한 인간관계의 갈등 및 각종 스트레스, 만성피로, 우울증, 무기력, 번아웃 증후군 등 에너지 소진으로 인한 증상은 이미 현대인들의 큰 숙제가 되었다. 특히 직장인들의 과도한 직무 스트레스로 인한 번아웃 증후군은 이미 심각한 사회문제가 되었다. 즉, 지친 현대인들의 몸과 마음이 강렬하게 구조 요청을 보내고 있다.

〈자기경영 헬스케어〉 역량이 경쟁력인 현대 사회는 개인이 자신의 건강과 웰빙을 주도적으로 관리하는 경쟁력이 강조되는 시대적 트렌드가 나타나고 있다. 현대 사회에서는 건강 관리 능력이 개인의 전반적인 삶의 질뿐만 아니라, 직업적 성공과 사회적 지위에도 중요한 영향력을 미치는 요소이기 때문이다.

〈자기경영 헬스케어〉 역량이 경쟁력으로 작용하는 시대적 배경을 살펴보면, 일례로 〈자기경영 헬스케어〉 능력이 업무 능력에 미치는 긍정적인 영향력 등을 대표적으로 꼽을 수 있다. 건강할수록 업무 효율성, 창의성, 집중력 등이 매우 높기에 개인의 생산성이 높아지는 법이다. 그 때문에 조직이 조직원들의 건강을 증진을 위한 웰니스 프로그램 등을 제공하여 조직원들이 스스로 건강을 관리할 수 있도록 지원하는 것은 매우 중요하다. 생산성과 웰빙의 상관성에 관한 연구들에 따르면, 〈자기경영 헬스케어〉 역량을 가진 개인은 스트레스를 효과적으로 관리하고, 균형 잡힌 생활을 유지함으로써 더 나은 직무 성과를 발휘할 수 있다. 이는 곧 개인의 경제적 안정성과도 연관되며, 건강 관리 능력이 현대 사회에서는 중요한 경쟁력이 되는 이유를 잘 설명해 주고 있다.

다음은 대중의 입장에서 〈자기경영 헬스케어〉가 필요한 이유를 살펴보자. 육체적·정신적으로 에너지가 고갈된 현대인들은 빨리 지치고, 쉬어도 충전이 잘되지 않다 보니 각종 질환에 노출되어 있다. 이러한 현대인들이 앓고 있는 대표적인 사회적 질환이 바로 '스트레스'와 '번아웃 증후군'이다.

　모든 질병의 가장 주요 원인인 〈스트레스〉는 두통, 위장병, 심장질환, 고혈압 등 신체적 질환뿐 아니라, 불안, 분노, 우울, 긴장, 의욕 상실 등 심리적 장애도 유발하고 있다. 그뿐만 아니라 업무 부진, 약물 남용, 과음 등 행동적 장애 유발은 물론이고 심한 경우 자살에 이르는 사례들도 갈수록 늘고 있다. 지나친 스트레스는 개인과 가정은 물론이고 심각한 사회문제로까지 이어지고 있다. 라자루스와 포크만은 "스트레스 문제를 해결하는 것은, 개인의 몸과 마음의 안정뿐만 아니라 사회적 안정에 밀접한 관련이 있다."라고 했다. 이처럼 스트레스로 인한 개인적, 사회적 문제들이 점점 증폭되면서 스트레스에 관한 포괄적 연구와 다양한 프로그램들이 개발되고 있다.

　그런데 스트레스보다도 더 심각한 질환이 바로 〈번아웃 증후군〉이다. 육체와 정신의 방전에서 비롯되는 번아웃 증후군은 로켓의 원료가 모두 소진된 상태를 의미한다. 대표적인 증상은 바로 '흥미 저하'로서, 매사가 귀찮고 무기력하여 의욕이 없는 상태가 특징이다. 현대인 중 상당수는 자신이 번아웃 증후군의 상태인지조차 모른 채 무작정 견디며 살아가고 있다. 평범한 일상 중 어느 날 불현듯 훌쩍 사라져서 혼자 있고 싶을 때가 있었는가? 모든 연락을 끊고 그저 쉬고 싶을 때가 있지 않았는가? 이러한 충동이 자주 든다면 번아웃 증후군을 의심해 보아야 한다. 의욕적으로 일에 몰두하던 사람이 갑자기 극도의 신체적, 정신적 피로감을 호소하며 무기력해지는 번아웃 증후군은 이미 심각한 사회문제가 되었다. 번아웃 증후군의 상태에 이르면 일상생활은 물론이고, 특히 직무에서 오는 스트레스를 이겨낼 적응력이 떨어진다.

번아웃 증후군은 스트레스에 대항하여 신체 기능을 보호하는 코르티솔 호르몬의 분비에 이상이 생겨서 나타난다. 다시 말해 체내 코르티솔이 모두 소진되면 그 순간부터 몸이 무기력해지면서 번아웃 증후군 증세가 나타나는 것이다. 이때 뇌는 편도체의 활성화와 함께 극도의 위기감과 두려움이 발동되며, 동시에 전전두엽의 기능이 저하된다. 우리가 매사에 능동적이고 적극적으로 임하려 해도 마음처럼 되지 않는 원인이 바로 이러한 이유에서이다.

이러한 번아웃 증후군은 감정을 느끼는 감성 기능 역시 저하된다. 그 때문에 상대를 이해하고 공감할 수 있는 여력이 없어진다. 또한, 자신이 당면한 상황과 인간관계에서 빨리 지치게 된다. 그뿐만 아니라, 꿈과 목표에 대한 집중력이 현저히 떨어지고 확신도 사라지게 된다. 설령 꿈과 목표에 대한 확신을 느끼더라도 오래가지 못하며, 결국 그에 따른 부담감과 중압감에 다시 압도되기를 반복한다. 이와 같은 번아웃 증후군은 주로 이상이 매우 높고 열정적이지만 스스로 에너지 관리가 부족한 사람들에게서 많이 나타난다. 주목할 점은 완벽주의자처럼 자신에 대한 기대치가 높아서 스스로 강한 불만을 느끼거나 조바심을 내는 이들에게 번아웃 증후군이 많이 나타난다는 사실이다.

　이처럼 심각한 번아웃 증후군은 치료보다 예방이 더욱 중요하다. 가족이나 친구, 상사나 동료 등 믿을 수 있는 사람들과의 정서적인 소통을 통해 정서적 에너지를 충전하는 것도 도움이 된다. 그러나 더욱 중요한 것은 아침에 일어나 일과를 시작하기 전에 인체 에너지 충전을 통해 그날 필요한 에너지를 미리 충전하여 스스로 준비된 상태에서 하루를 맞이하는 습관이 가장 중요하다. 마치 자동차로 목적지까지 출발 전에 미리 연료를 채운 후 출발하듯 말이다. 그러기 위해선 충분한 수면, 육체적 에너지 충전, 감사 사고를 통한 정신적 에너지 충전 등 양질의 육체적·정신적 에너지 충전이 매우 중요하다. 바쁘고 치열한 경쟁 사회를 살다 보면 여유를 잃어버리기가 십상이다. 그렇기에 현대인들은 이제 자신에게 필요한 심신통합 에너지 충전을 스스로 실천하는 생활 습관이 매우 필수다.

　따라서, 스트레스와 번아웃 증후군 등의 사회적 질환을 해결할 실질적인 방법은 바로 소진된 육체적·정신적 에너지를 스스로 충전하는 것이다. 이미 현대 사회는 육체와 정신에 필요한 에너지를 스스로 충전할 수 있는 〈자기경영 헬스케어〉 역량이 필수 경쟁력인 시대이다. 그러므로 〈자기경영 헬스케어〉를 생활화함으로서, 건강, 행복, 성숙, 성장, 성공이라는 다섯 마리의 토끼를 모두 잡는 윤택한 삶을 실현할 수 있다.

3

건강에 대한 올바른 개념과
스트레스에 대한 대처

건강에 대한 개념과 정의를 살펴보면, 우선 WHO(World Health Organization)에서 정의한 건강은, 단순히 질병이나 허약함이 없는 상태가 아니라 신체적, 정신적, 사회적으로 완전한 안녕 상태를 말한다. 또한, 전체적인 건강의 개념을 정의한 'Holistic Health'의 정의는, 신체적 건강뿐만 아니라 정신적, 정서적, 사회적, 영적 건강의 균형이 잘 잡힌 상태를 말한다.

건강에 대한 5가지 주요 요소는, 육체적 건강, 정신적 건강, 정서적 건강, 사회적 건강, 영적 건강 등이다.

첫 번째, 육체적 건강을 위해서는 규칙적인 운동, 균형 잡힌 영양 섭취, 충분한 수면, 적절한 체중 유지 등이 육체적 건강을 위한 기본 요소이다.

두 번째, 정신적 건강을 위해서는 스트레스 관리, 긍정적 사고, 문제 해결 능력, 감정 조절 능력 등이 중요한 요소이다. 이러한 정신적 건강은 스트레스와 불안, 우울증 등의 정신적 문제를 예방하고, 행복하고 만족스러운 삶을 영위할 수 있게 한다.

세 번째, 정서적 건강을 위해서는 자신의 감정을 인식하고, 표현하고, 관리하는 능력이 주요한 요소이다. 이는 자기 이해와 자기 수용, 감정 조절 등이 포함된다. 이러한 정서적 건강이 좋은 사람은 긍정적인 대인 관계를 유지하고, 어려움에 대처하는 회복 탄력성이 매우 높다.

네 번째, 사회적 건강을 위해서는 건강한 대인 관계와 사회적 네트워크가 중요하게 작용한다.

다섯 번째, 영적 건강을 위해서는 삶의 의미와 목적을 명확하게 찾아서 자신의 신념과 가치를 스스로 이해하고, 일상생활에서 그것을 잘 적용하는 능력이 매우 중요한 요소이다. 이러한 영적인 건강은 종교적 신념뿐 아니라 개인적인 신념, 철학적 사고, 명상 등을 통해서도 영적인 건강을 유지할 수 있다.

다음은 세계보건기구(WHO)에서 발표한 전 인구의 건강 상태 비율을 살펴보자. 세계보건기구(WHO)에서는 전 인구 중 75%가 서브 헬스(sub-health) 상태이고, 20%는 질병의 상태이며, 단 5%만이 건강한 상태라고 발표한 바 있다. 현대 의학은 대개 20%의 질병 인구에 집중되어 있다. 우리나라 성인 중 절반 정도는 병원에서 진단되는 병명은 없지만, 만성피로, 소화불량, 수면장애,

각종 통증 등 건강상 여러 가지 이상을 호소하고 있다. 또한, 이미 건강한 상태가 아니지만, 아직은 증상을 자각하지 못하고 있는 경우도 상당수다.

미병(未病) 또는 아건강(亞建康)이라고도 불리는 서브 헬스(Subhealth)는 의학적으로 명확히 질병으로 진단되진 않으나 건강하지는 않은 상태로서, 방치 시 질병으로 진전되는 상태이다. 다시 말해 서브 헬스는 건강과 질병 사이에 있는 상태를 의미한다. 서브 헬스는 완전히 건강한 상태도 아니고, 의학적으로 명확하게 진단할 수 있는 질병 상태도 아닌, 신체적 또는 정신적 불편함을 느끼는 상태이다. 이 상태에서는 피로, 무기력, 스트레스, 불면증, 소화불량, 면역력 저하 등의 다양한 증상이 나타날 수 있다. 이러한 서브 헬스의 주요 특징은, 피로, 우울감, 집중력 저하, 소화 문제 등 비특이적인 증상이 나타난다. 또한, 생리적인 불균형 상태에서 비롯되다 보니 일반적인 건강 검진에서는 큰 이상이 발견되지 않지만, 주관적인 불편함이나 기능 저하가 나타난다. 이에 대해, 빠른 생활 속도, 불규칙한 생활 습관, 스트레스, 나쁜 식습관, 환경 오염 등이 서브 헬스 상태를 초래할 수 있는 주요 원인으로 꼽힌다.

이러한 서브 헬스에 대한 관리와 예방은 우선 먼저 생활 습관 개선이 필요하다. 이는 균형 잡힌 영양 섭취, 규칙적인 운동, 충분한 수면, 스트레스 관리, 정기적인 건강 검진 등을 포함한다. 또한, 전통적인 의학적 처방뿐만 아니라 침술, 한약, 요가, 기체조, 명상 등의 대체 의학을 활용한 통합적 관리가 권장되기도 한다. 이러한 서브 헬스 상태가 현대 의학에서 질병으로 진단되지 않는다는 말은, 당장 의학으로는 치료의 조치가 진행될 수 없다는 의미이기도 하다. 그러다 보니 대개의 질병은 증상이 몸으로 나타난 이후라야 비로소 의학적인 치료가 진행되고 있다. 이는 최적의 치료 시기를 이미 놓친 후 치료를 시작하는 것이라 볼 수 있다. 또한, 몸에 여러 증상이 나타나 의료기관을 찾는다고 해도 문제가 모두 해결되는 것도 아니다. 환자가 호소하는 증상들이 있어도 의사에게 발견되지 못하는 경우가 무수히 많기 때문이다.

전 인구의 75%에 해당하는 서브 헬스의 원인을 여러 방향으로 논할 수 있지만, 그 중심에는 스트레스가 있다. 스트레스에 대한 정의와 원인을 살펴보면, 스트레스는 외부 환경의 변화나 요구에 대해 몸과 마음이 반응하는 방식으로, 신체적, 정서적, 심리적 반응이 모두 포함된다. 스트레스의 원인으로는 크게 외부적인 요인과 내부적인 요인으로 나눌 수 있다. 외부적인 요인으로는 직장 압박, 인간관계 갈등, 재정적 문제, 건강 문제 등으로 요약할 수 있으며, 내부적인 요인으로는 비현실적인 기대, 부정적 사고, 낮은 자존감, 불안 등을 꼽을 수 있다. 또한, 스트레스의 유형은 크게 단기적 스트레스(Acute Stress)와 만성적 스트레스(Chronic Stress)로 구별한다. 단기적 스트레스는 일시적인 스트레스로, 갑작스러운 변화나 도전적인 상황에서 발생하는 스트레스를 말한다. 하지만, 만성적 스트레스는 장기간 지속되는 스트레스로써 건강에 심각한 영향을 미친다.

우리가 살아가다 보면 분노하게 하고, 혈압을 상승시키고, 때로는 심장이 멎게 만드는 일들이 수없이 일어난다. 그러나 사람에 따라 그에 대한 반응이 천차만별이다. 어떤 이들은 그것을 고스란히 스트레스로 받아들이기도 하고, 또 다른 이들은 그것을 의미 있는 과정으로 받아들이기도 한다. 그래서 스트레스 의학에서는, 스트레스에 대한 진단 과정의 핵심을 "치료자가 아닌 환자 스스로가 문제를 발견하는 것"이라고 말한다. 또한, 스트레스 치유 과정의 핵심도, "치료자가 원인을 제거해 주는 것이 아니라, 환자가 그것을 관리할 수 있는 능력을 갖추게 하는 것"이라고 말한다.

스트레스란 생명체가 살아있는 한 끊임없이 나타날 수밖에 없는 것이며, 삶을 유지하기 위해서는 피할 수도 없고, 피해서도 안 되는 것이다. 모든 생명체는 스트레스라는 경험을 통해서 끊임없이 변화하는 환경에 새롭게 적응한다. 스트레스는 생명체가 살아있음을 느끼게 하고 반응하도록 하는 것이다. 이러한 스트레스에는 크게 '유 스트레스(eustress)'와 '디 스트레스(distress)'가 있다. '유 스트레스'는 스스로 자신을 더욱 성숙하고 강인하게 만들어주는 유익한 스트레스이며, '디 스트레스'는 그 반대이다. 적응력이 스트레스보다 강하면 유 스트레스가 되어 스스로의 성숙과 성장에 도움이 되는 것이며, 적응력이 스트레스보다 약하면

디 스트레스가 되어 질병의 요인으로 작용하는 것이다. 즉, 자신에게 오는 스트레스를 유 스트레스로 받아들일 것인지 아니면 디 스트레스로 받아들인 것인지는 전적으로 자신의 상태에 따라 달라지는 것이다. 따라서 스트레스를 잘 대하고 관리하는 바람직한 태도는 바로, 디 스트레스를 유 스트레스로 변화시켜 내는 것이다.

이처럼 〈자기경영 헬스케어〉는 현대인들이 스트레스라고 생각하는 상황에 대해 임하는 자신의 상태를 잘 관리하여, 균형 잡힌 육체와 정신의 건강을 바탕으로 하여 디 스트레스를 유 스트레스로 전환 및 관리할 수 있도록 하는 '심신통합 건강교육'이다.

4

심신통합 건강교육이
절실한 현대 사회

현대 사회에서 심신통합 건강교육이 절실한 사회적 배경과 이유를 살펴보면, 급변하는 사회 변화 속에서 현대인들은 만성 피로, 만성 스트레스, 불균형한 식생활 습관 등으로 인해 신체적·정신적 건강의 균형이 깨짐으로 인해 건강 관련 위협을 받고 있기 때문이다. 심신통합 건강교육은 단순히 질병 예방과 건강 증진을 넘어, 개인의 전인적인 건강에 해당하는 육체적 건강, 정신적 건강, 영적인 건강의 조화를 목표로 한다. 이러한 건강교육은 스트레스 관리, 감정 조절, 긍정적인 삶의 태도 형성 등은 물론이고, 개인이 자신의 건강을 능동적으로 관리할 수 있도록 돕는 것이 핵심 목표이다.

현대 사회는 급격한 기술의 발전과 사회적 변화로 인해 개인이 경험하는 스트레스 수준이 나날이 높아지고 있다. 이러한 스트레스는 심리적 문제뿐 아니라 육체적 질병도 유발하고 있으며, 우울증, 불안장애와 같은 정신적 문제도 유발하고 있다. 그뿐 아니라 현대인의 식습관, 운동 부족, 과도한 업무로 인한 불규칙한 생활 습관 등은 고혈압, 당뇨병 등의 만성 질환으로 이어지고 있는 실상이다.

이러한 시점에서 심신통합 건강교육의 목표는, 자신의 신체와 마음의 상태를 스스로 인지하고 관리할 수 있는 자기관리 능력을 기르는 것이 우선적 목표다. 그뿐 아니라, 건강 문제의 발생 이후의 치료보다 문제 발생 이전의 예방에 중점을 둔다. 이를 통해 사전에 만성 질환에 대한 예방과 정신 건강 문제를 예방할 수 있다. 더불어 단기적인 건강 증진이 아니라, 평생 지속 가능한 건강을 목표로 하여, 개인이 스스로 건강한 생활 방식을 유지할 수 있도록 돕는다.

대한민국은 국가 차원에서 교육이념이 명확히 존재한다. 그러한 대한민국의 〈교육기본법〉에는 다음과 같은 내용이 교육이념으로 명시되어 있다. "교육은 홍익인간(弘益人間)의 이념 아래 모든 국민으로 하여금 인격을 도야(陶冶)하고 자주적 생활능력과 민주시민으로서 필요한 자질을 갖추게 함으로써 인간다운 삶을 영위하게 하고 민주국가의 발전과 인류공영(人類共榮)의 이상을 실현하는 데에 이바지하게 함을 목적으로 한다."라고 말이다.

교육이념의 내용을 조금 더 자세히 살펴보면, 문구에서 언급된 '인격'이라는 단어의 사전적 의미가 "사람의 됨됨이, 품격, 자질" 등으로 나와 있다. 교육을 통해 인격을 도야한다는 것은, 사람의 의식을 높여 스스로 몸과 마음의 관리력을 높인다는 의미이다. 또한, '자주적 생활능력을 갖춘다는 것'은 자신의 삶을 남의 간섭이나 도움 없이 스스로 해결하여 자신의 건강과 행복을 책임진다는 의미이다. 즉, '홍익인간', '자주적 생활능력', '인간다운 삶', '인류 공영' 등이 전반적으로 의미하는 바는 바로, "자신을 잘 돕는 것을 통해 타인과 인류도 도울 수 있는 유익한 존재가 될 수 있다"라는 것을 뜻하고 있다.

또한, 대한민국은 2014년에 〈인성교육진흥법〉을 제정하고 2015년 7월부터 시행하면서 세계 최초로 그리고 세계에서 유일하게 국가 차원에서 인성교육을 법적으로 의무화하였다. 그러한 인성교육진흥법에는 다음과 같이 인성교육에 대한 정의가 명시되어 있다. "자신의 내면을 바르고 건전하게 가꾸며 타인, 공동체, 자연과 더불어 사는 데 필요한 인간다운 성품과 역량을 기르는 것을 목적으로 하는 교육이다"라고 명시되어 있다.

하지만 실상은 당장 눈앞의 이익과 현실적 문제에 부딪혀서 정작 자신의 육체적 건강과 정신적 건강을 스스로 희생하는 문제가 상당수 반복되는 실정이다. 그러다 보니 "널리 사람을 이롭게 한다."라는 대한민국의 교육이념이 정작 현실에서는 실현되지 못하고 있을 뿐만 아니라 당장 자신의 건강과 행복도 스스로 돕지 못하는 경우가 대부분이다. 이러한 문제를 해결하기 위해 현대인들에게는 육체적 에너지와 정신적 에너지를 스스로 충전하고 운영할 수 있도록 돕는 '심신통합 건강교육'이 너무나 절실한 시점이다. 이를 통해 자신이 원하는 생각과 감정과 육체의 상태를 스스로 주도하여 삶을 더욱 윤택하게 창조할 수 있기 때문이다.

우리들의 대부분은 태어나서 인생이라는 삶을 살아오면서, 정작 무엇을 위해 어떻게 살아야 하는지에 대한 삶의 목적을 명확히 배울 기회가 잘 없었다. 그런 미숙한 상태에서 각자 삶의 목표를 가지고 노력하며 살아가고 있다. 하지만 삶의 목적이 명확히 확립되지 않은 상태에서는 삶에 목표에 대한 집중력과 창조력이 발현되기는 사실상 어렵다. 다시 말해, 삶의 목적이 명확해진 후 그로 인한 삶의 목표가 확고해진 후라야 비로소 삶에 대한 놀라운 집중력이 발현한다. 우리는 살아오면서 비록 많은 교육을 받아왔지만, 정작 삶의 목적을 명확히 구축할 수 있는 교육을 받을 기회가 잘 없었다. 그러나 이제부터는 우리의 삶의 목적이 바로 '자신의 성숙과 성장'임을 알고, 그것을 삶의 최우선 가치로 삼으며 살아가야 할 시대가 되었다. 그러한 삶은 점점 성숙을 기반으로 갈수록 놀라운 성장 발전을 이루는 윤택한 삶을 현대인들에게 안겨주게 될 것이다.

5

4차 산업혁명 시대와
심신통합 건강교육

현대 사회는 4차 산업혁명 시대를 맞이하고 있다. 4차 산업
혁명 시대는 1차, 2차, 3차 산업혁명 시대를 거치면서 고도로 발
전해온 각 분야의 기술들이 서로 융합하여 기존과는 차원이 다
른 고도의 기술적 서비스가 제공되는 시대이다. 그러다 보니 이
러한 시대적 흐름 앞에 현대인들은 열광하고 있다. 하지만 그 이
면에는 인류에게 무서운 시대적 경고가 주어지고 있다. 기존의
1차~3차 산업혁명 시대는 인류에게 많은 일자리를 제공하던 시
대였다. 반면 4차 산업혁명 시대에 들어서면서부터는 고도로 발
전한 인공지능 AI가 기존에 인간이 해오던 육체적·정신적 노동
력을 점점 대신하고 있는 실상이다. 무인 자동차, 로봇 청소기,
로봇 서빙, 농업용 기계장비 및 각종 무인 자동 서비스 외에 다

양한 정보 통신 기술에 의한 인공지능 AI는 웬만한 인간의 육체적 노동력을 능가하고 있으며, 최근에는 ChatGPT까지 등장하면서 기존에 인간이 해오던 정신적 노동력까지 빠른 속도로 대신함으로써 인류는 생존권을 점점 위협받고 있다.

이러한 시대적 흐름 앞에서 과연 인류는 어떠한 준비를 해야 할까? 인공지능(AI), 빅데이터, 사물인터넷(IoT), 로봇공학 등의 최첨단 기술이 경제, 사회, 산업 전반에 걸쳐 급격한 변화를 이끄는 4차 산업혁명 시대는, 월등한 기능의 인공지능 AI로 인간의 육체적 노동력과 정신적 노동력을 대처하고 있다. 이러한 시대적 흐름 앞에서 인류는 스스로 생존권을 지키기 위해서 인간만이 발현할 수 있는 고차적 역량을 스스로 계발하고 갖추어야만 할 때이다.

그중에서 지치고 방전된 현대인들의 육체와 정신을 스스로 충전하여 균형 잡힌 심신통합 건강을 도울 수 있도록 해주는 심신통합 건강교육 분야는 앞으로 주목받는 대표적인 5차 산업의 분야이다. 갈수록 시대는 인류에게 점점 더 조화로운 리더십과 창조력을 요구하고 있다. 또한, 현실과 이상과의 차원적 경계를 뛰어넘어, 다차원적으로 의식이 넘나들면서 의식적 통합을 통한 무한 창조를 실현하는 역량이 요구되고 있다. 그리하여 현실과 이상의 정보를 통합적으로 융합시키는 입체적 사고력이 점점 상식으로 요구되는 시대로 흘러가고 있다. 그로 인해 꿈과 목표라는 고차적 정보를 현차적 현실에서 현상으로 발현해 내는 생산적 역량이 당연하게 요구되고 있다. 이제 그러한 입체적인 역량 발현을 인문과학 기반 삶의 운영기술 교육인, 〈자기경영 헬스케어〉 심신통합 교육을 통해서 실현할 수 있다.

4차 산업혁명 시대에 고도로 발전된 산업 기술력과 심신통합 건강교육이 앞으로 융합하여, 각종 가상현실(VR)과 증강현실(AR)의 기술을 활용한 심신통합 건강교육 프로그램이 되어 더욱 몰입감 있는 교육의 효과를 줄 수 있게 될 것이다. 예를 들어, 가상현실(VR)을 통해 현차적·고차적 사고 훈련을 받게 될 것이다. 또는 증강현실(AR)을 통해 인체 충전 지도도 받게 될 것이다. 이는 전통적인 교육 방식보다 교육생들의 참여율을 더욱 높이고, 더 효과적인 교육 효과를 선사할 것이다. 그렇게 디지털 기술을 활용한 심신통합 건강교육은 지역과 계층을 넘어 더 많은 사람에게 건강 관리를 위한 접근을 할 수 있게 할 것이다. 맞춤형 심신통합 건강교육 패키지, 원격 교육 서비스 등 다양한 형태의 새로운 교육 방식을 통해 점점 대중들에게 다가가며 확산이 될 것이다. 이처럼 오프라인 방식뿐만 아니라 온라인 및 디지털 방식으로 전달되는 시대적 흐름은 개인들의 전인적 건강 증진과 삶의 질 향상뿐만 아니라, 사회 전체의 건강을 증진하는 데도 큰 도움이 될 것이다.

6

〈자기경영 헬스케어〉 교육의
시대적 당위성

　지구촌은 하루가 다르게 급속도로 물질문명이 발전해 왔다. 반면 정신문화는 그에 비해 균형 있게 발전되지 못한 것이 사실이다. 그러다 보니 갈수록 인간의 정서는 메말라가고 정신은 물질문명의 노예가 되었다고 전문가들은 경고의 목소리를 높이고 있다.

　무한경쟁 시대를 살아가는 현대인들은 과도한 업무와 스트레스로 인해 우울증, 무기력, 공황장애, 치매, 뇌졸중, 번아웃 증후군 등 다양한 사회적 질환에 노출된 채 실질적인 대안도 없이 약물치료와 함께 주어진 환경에 적응하며 살아가는 경우가 대부분이다. 그러는 과정에서 자살률의 급증은 이미 심각한 사회문제로 대두되었다. 이러한 시점에서 인문과학 기반 삶의 운영기술

교육 〈자기경영 헬스케어〉 심신통합 건강교육은 실질적인 대안을 제시하고 있다. 그리하여 지쳐 있는 현대인들이 소진된 육체적 에너지와 정신적 에너지를 스스로 충전하여 활기·활력 속에 자신의 꿈과 목표를 실현하도록 돕고 있다.

현대인들은 누구나 지친 몸과 마음의 상태를 회복하고, 더욱 가치 있는 삶을 실현하고자 바란다. "건강한 육체에서 건강한 정신이 깃든다."라는 말처럼 몸이 아프거나 질병에 걸리면 원하는 목표에 집중하고 매진하기가 힘이 든다. 그 때문에 몸을 무시하고 정신력만 강조하는 교육은 잠깐은 효과가 있을지라도 대개는 작심삼일로 끝나기 마련이다. 신경계의 생리적 특성상 운동신경이 활성화되어야만 사고 신경도 활성화가 되기 때문이다. 하지만 대부분의 교육이 사고력 강화에만 집중되어 있다. 그래서 몸과 정신의 균형 잡힌 건강을 통해 활기·활력을 돕는 교육 콘텐츠가 절실한 시점이다. 〈자기경영 헬스케어〉는 그처럼 초고속 인체 에너지 충전을 통해 육체적·정신적 잠재력을 발현하도록 돕는다. 그리하여 창조력을 발현하며 꿈과 목표를 실현하도록 돕는다.

컴퓨터로 비유하면, 하드웨어에 해당하는 육체와 소프트웨어에 해당하는 정신을 스스로 균형 있게 계발하도록 돕는다. 핸드폰의 배터리를 충전하듯이 육체를 활기·활력의 상태로 만들고, 삶의 목적과 이념을 확고히 함으로 인해 삶에 대한 참된 가치와 감사함을 자각할 수 있다. 그로 인해 꿈과 목표에 대한 집중력이 극대화되며, 아울러 감정 조절 및 창의력 등이 발현될 수 있다.

그동안의 지구촌은 물질문명이 정신문화보다 앞서 있었기에 사람들의 정신이 물질문명의 지배를 받는 상황이었다. 하지만 이제 시대 흐름은 정신문화가 물질문명을 주도하고 이끄는 시대로 변화하고 있다. 따라서 앞으로의 시대는 물질문명 산업보다 정신문화 산업이 더욱 크고 빠르게 발전될 전망이다.

한민족은 1만 년의 역사 동안 약 1,000번 이상의 외세 침략을 받았다고 문헌 사학적으로 기록이 되어있다. 우리는 그렇게 수많은 고난과 역경을 극복해 오는 과정에서 그 어떤 민족보다도 강인한 내공을 유전자적으로 품고 있다. 세계 2차 대전에 이어 발발한 6.25 전쟁으로 전 국토가 완전히 폐허가 되었고, 인도 다음으로 가난한 국가적 상황에서 국제사회로부터의 원조를 받으며 시작된 초라한 경제 성장은 불과 30여 년 만에 88올림픽을 성공적으로 유치하며 놀라운 기적을 전 세계에 보여주었다. 이는 오랜 세월 동안 연단을 통해 한민족의 유전자 속에 강화되고 응축되었던 저력을 세계만방에 증명한 것이다.

전쟁 이후 농업과 경공업에 머물며 항상 보릿고개를 걱정하던 대한민국은 독일에 간호사와 광부 파견, 월남전에 국군 파병, 중동지역에 산업인력 파견 등을 통한 외화 획득을 기반으로 중공업, 조선업, 자동차 산업, 반도체 산업 등의 국가적 기축 산업을 일으키면서 오늘날의 경제 발전을 이루었다. 하지만 앞으로 대한민국은 기존의 산업으로는 갈수록 승산이 없음을 자각하고,

정신교육 산업을 국가의 기축 산업으로 준비해야 할 때이다.

증기를 에너지원으로 한 1차 산업혁명, 전기를 기반으로 한 2차 산업혁명, 컴퓨터 및 IT산업을 기반으로 한 3차 산업혁명, 바이오 / 블록체인 / 헬스케어 / 인공지능 AI 등을 기반으로 하는 4차 산업혁명 등의 단계로 발전해온 물질문명의 인류 발전사 앞에서 이제 정신문화 산업이 그 어느 때보다 필요한 시대가 되었다.

물질문명이 주도산업으로 발전하는 시대에는 다양한 지하자원 및 연료가 필수 자원이었지만, 앞으로 정신문화를 주도산업으로 발전해야 하는 시대에는 다양한 콘텐츠가 핵심 자원이 된다. 그래서 뛰어난 정신적 잠재력을 국가적 자원으로 보유하고 있는 저력의 국가일수록 심신통합 건강교육 산업을 국가 기축 산업으로 발전시켜서 국가 경쟁력으로 발전시켜야 한다. 그럴 수 있는 국가가 앞으로의 지구촌에서 리더 국가로 자리하게 될 것이다. 이제 우리는 그러한 준비를 해야 할 시점이다.

이러한 시대적 흐름 앞에서 〈자기경영 헬스케어〉 심신통합 건강교육은 인류의 의식혁명과 생활문화 혁명을 돕고, 그로 인해 지구촌이 더욱 성숙하게 될 것을 목표한다. 그러한 여정 속에서 지구촌은 더욱 평화롭고 사랑으로 충만한 정신문화를 꽃피우게 될 것이다.

7

심신통합 건강을 위한
〈자기경영 헬스케어〉 수칙

심신통합 건강을 위한 〈자기경영 헬스케어〉 수칙은 육체적 건강과 정신적 건강을 균형 있게 관리하여 전반적인 삶의 질을 향상하는 데 목적이 있다. 이는 자기주도적 건강 관리 능력을 키우고, 일상에서 쉽게 실천할 수 있는 습관을 형성하는 데 중점을 둔다. 혹시 아침에 일어나기 어렵고 기운이 없는 증상이 지속이 된다면 결코 그냥 내버려 두어서는 안 된다. 우리가 일상에서 느끼는 피로감의 원인은 신체적 또는 정신적 질환을 앓을 때이거나, 또는 심리적인 스트레스를 받을 때이다. 이 중 가장 큰 원인은 바로 사회적인 스트레스이다. 과다한 업무량, 불규칙한 생활, 휴식 부족, 지나친 경쟁과 목표에 대한 집착, 완벽주의 업무 지향 등에서 오는 피로감은 생각보다 매우 크다.

평소 특별히 육체적인 질병이 없는 경우는, 푹 자고 쉬는 것만으로 몸의 피로는 해소된다. 하지만 우리가 주목해야 하는 또 다른 부분은 바로 정신적인 피로감이다. 육체가 피로하면, 면역력이 떨어지면서 감기에서부터 암에 이르기까지 여러 가지 질병에 걸릴 위험수위가 높아진다. 그런데 문제는 정신적인 피로감도 역시 그 이상의 부작용을 일으킨다는 점이다. 그 때문에 육체적인 피로감은 물론이고, 정신적인 피로감 역시도 우리는 반드시 해소해주어야 한다. 다시 말해 육체와 정신의 균형 잡힌 에너지 충전을 통한 심신통합 건강 관리가 함께 필요한 것이다. 이를 위해서 현대인들에게 꼭 필요한 〈자기경영 헬스케어 수칙 5가지〉를 안내하고자 한다.

첫째, 규칙적이고 균형 잡힌 식사를 해야 한다.

항상 규칙적인 시간에 적정량의 음식을 섭취한다. 그리고 가능하다면 저녁 식사는 오후 7시 이전까지는 마치는 것이 좋다.

둘째, 규칙적이고 적당한 잠을 자야 한다.

뇌는 잠을 좋아하며 적당한 잠은 육체의 피로를 풀어주고, 뇌의 정보처리 속도를 높여 학업 또는 업무를 잘할 수 있게 해준다. 그리고 가능하면 오후 11시 전에 잠자리에 드는 것이 가장 좋다. 만일 어쩔 수 없이 밤잠을 줄여서 공부나 일을 해야만 한다면 하루 중 10~30분 사이의 낮잠이라도 자는 것이 좋다.

셋째, 매일 꾸준히 육체적인 에너지 충전을 위한 운동을 해야 한다.

우리가 음식과 수면만으로 육체적·정신적 에너지를 충분히 보충하기란 사실상 어렵다. 따라서 반드시 적절한 운동이 동반되어야 좋다. 하지만 알면서도 정작 생활 속에서 실천하지 못하는 실상이다.

넷째, 자신에게 주어진 현실에 대한 중요함과 소중함, 감사함과 행복감을 인식하고 느끼면서 정신적인 에너지 충전을 습관화해야 한다.

이것은 너무나 중요한 부분이다. 우리는 현실에 대한 감사함을 놓치는 순간 불평·불만을 품게 되고, 그 순간부터 인체는 상당한 방전이 되는 법이다. 그 반면 현실에 대한 만족과 감사함을 느끼는 순간부터 인체는 놀라운 충전이 된다.

다섯째, 자신의 꿈과 목표가 이미 현실로 실현되어 있는 미래 기억을 기반으로 현재에 대해 사고하는 습관을 생활화해야 한다.

이 습관은 꿈과 목표에 대한 집중력과 자신감의 향상을 돕는다. 사람들 대부분은 과거의 기억을 바탕으로 사고하는 방식으로 삶을 살아간다. 그러다 보니 전전두엽의 미래기억을 바탕으로 사고하며 살아가는 자체가 매우 생소할 것이다. 마치 희망찬 미래의 세상에서 타임머신을 타고 현재의 세상으로 와있는 관점으로 삶을 살아간다고 상상하면 이해가 될 것이다.

첫 번째에서 세 번째까지의 수칙은 대부분 너무나 잘 알고 있는 개념이다. 하지만 알면서도 정작 현실 속에서 실천하기가 쉽지 않은 것이 실상이다. 네 번째와 다섯 번째의 수칙은 삶에 대한 현차적 감사와 고차적 감사를 느껴서 그것을 융합하는 단계이다. 그로 인해 삶에 대한 자신감이 향상되며, 더불어 꿈과 목표를 실현하는 능력이 탁월해진다. 이처럼 현대인들이 〈자기경영 헬스케어 수칙〉을 자신의 생활 습관으로 삼고 실천하면, 전반적으로 육체적 건강과 정신적 건강을 균형 있게 관리할 수 있다. 그러므로 인해 활기·활력 속에 건강, 행복, 성숙, 성장, 성공이라는 다섯 마리의 토끼를 모두 잡을 수 있는 윤택한 삶을 살아갈 수 있다.

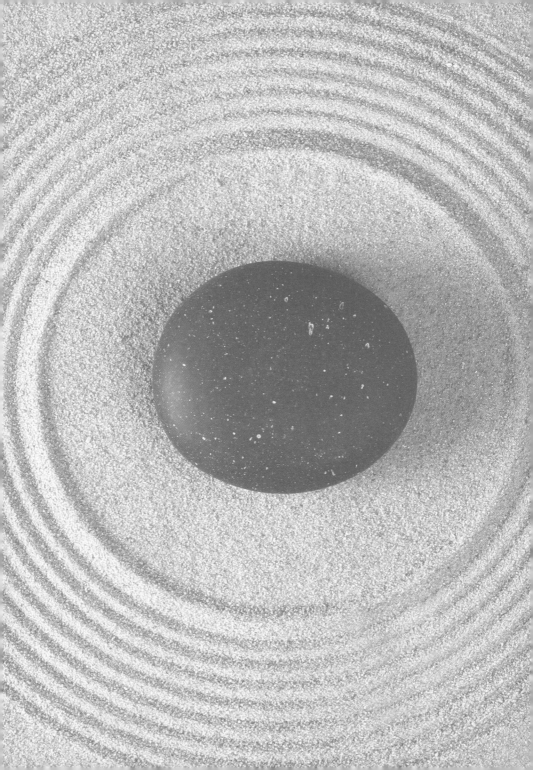

Chapter.2

뇌과학의 입장에서 보는
<자기경영 헬스케어>

1

뇌의 기능과 〈자기경영 헬스케어〉의 상관관계

뇌는 우리 몸의 모든 신체 활동을 관장하는 컨트롤 타워이다. 뇌는 하는 일이 많다 보니 무게는 1.5kg에 불과하지만, 심장에서 나오는 혈액의 20%를 사용한다. 뇌는 아래로 척수와 연결되어 중추신경계를 이루며 신체 각 부분을 통솔한다. 뇌는 약 1,000억 개의 뇌세포 뉴런으로 구성되어 끊임없이 정보를 교환한다. 그뿐만 아니라 근육, 심장, 소화기관과 같은 모든 기관의 기능을 조절함과 동시에 생각과 기억 그리고 상상 등의 정신 활동도 관장한다.

뇌 구조는 그 기능과 형태에 따라 대뇌, 소뇌, 뇌줄기로 나눈다. 인간의 뇌에서 약 70% 정도의 크기를 차지하는 대뇌는 좌우두 개의 반구로 구성되어 있으며, 감각, 지각, 운동, 기술, 상상력, 추리력, 언어 능력, 통찰력뿐 아니라 자율신경계 조절, 호르몬 조절, 항상성 유지 등의 기능도 담당한다.

대뇌의 아래쪽 뒤편에 위치한 소뇌는 말 그대로 150g 정도의 작은 뇌로써, 뇌 전체에서 약 10% 정도의 크기를 차지하며 표면에 있는 잔주름이 특징이다. 평형기관에서 전달한 정보를 바탕으로 몸의 균형을 유지하며, 대뇌피질이 내린 운동 지시가 제대로 이루어지도록 부위별 근육들의 움직임을 통제한다. 운동선수들이 보통 사람들보다 정교하고 빠르게 움직일 수 있는 건 훈련을 하는 동안 소뇌가 함께 발달하기 때문이다.

'간뇌' 또는 '뇌줄기'라고 불리는 뇌간은 심장박동, 호흡과 소화, 혈액순환 등 무의식적인 생명 유지 기능을 담당하여 '파충류의 뇌' 또는 "생명의 뇌'라 부르기도 한다. 뇌간은 대뇌와 척수 사이를 연결하는 부분으로 뇌의 한가운데서 수많은 신경섬유로 구성되어 있으며, 중간뇌와 다리뇌(교뇌), 숨뇌(연수)로 구성되어 있다. 뇌의 정중앙에 위치한 중간뇌는 몸의 균형을 유지하고 안구운동, 홍채조절과 같은 시각 반사와 청각 반사에 관여한다. 그 아래쪽의 다리뇌(교뇌)는 소뇌와 대뇌 사이의 정보전달을 도와주고 얼굴과 눈의 움직임을 관장한다. 숨뇌(연수)는 호흡과 순환을 조절하며 침 분비, 하품, 재채기와 같은 무의식적인 활동을 일으켜 몸의 상태를 일정하게 유지하는 역할을 한다.

이처럼 복잡한 구조의 뇌는 간단하게 이성뇌(대뇌피질), 감성뇌(대뇌변연계), 생명뇌(뇌간) 등의 3층 구조로 구분하기도 한다. 이성뇌는 우리가 생각하고, 집중하고 학습하는 등의 의식적인 기능을 담당한다. 현대인의 대부분은 생명뇌의 기능이 많이 저하되어 있다. 이유는 나쁜 식생활 습관 및 자세 그리고 부정적인 사고습관 등으로 인해 인체의 기력이 많이 방전되었기 때문이다. 그러다 보니 뇌의 가운데 층에서 감정 및 기억의 기능을 담당하고 조절하는 감성뇌의 편도체가 예민하게 활성화되어 있다. 편도체는 우리가 느낀 감정과 느낌을 기억 저장하는 곳으로써 우리가 생명력을 잘 유지할 수 있도록 항상 감찰하는 역할도 하고 있다.

더불어 영성, 지성, 이성, 감성 등의 기능이 발현되는 전전두엽의 기능이 많이 저하되어 있다. 현대인들이 겪고 있는 문제가 바로 여기서부터 비롯되는 것이다.

〈자기경영 헬스케어〉는 초고속 인체 에너지 충전으로 육체 에너지를 충전을 통한 생명뇌의 기능을 활성화함으로써, 육체와 정신의 활기·활력을 먼저 회복시킨다. 그러므로 인해 편도체가 빠르게 안정화되고, 전전두엽의 기능이 활성화되어 잠재된 창조력을 발현하는 것을 돕는다.

2
뇌과학에서 말하는 뇌의 특성과
〈자기경영 헬스케어〉의 상관관계

　좋은 습관을 만든다는 것은 좋은 사람이 된다는 뜻이다. 습관으로 인해 삶이 변하고 전혀 다른 인생이 시작된다. 우리 뇌는 귀로 들어오는 정보를 진짜라고 믿기에 사고나 행동의 영향을 크게 받는다. 더욱이 일정 기간에 걸쳐 반복적으로 오감을 통해 잠재의식에 뿌리내린 정보는 무의식에서 작용한다.

　인간의 뇌는 즐겁다고 느끼면 그것을 지속하고자 하는 특성이 있다. 즉, 뇌는 좋아하고 즐거우면 그것을 계속 지속하고, 좋아하거나 즐겁지 않으면 계속하고 싶어 하지 않는 특성이 있다. 따라서 어떠한 습관을 만들고자 한다면 반드시 즐거움을 느낄 수 있도록 해야 한다.

　감정적 기억에 관여하는 편도체는 오감을 통해 들어오는 정보를 과거의 기억에서 느꼈던 감정의 누적 데이터를 바탕으로 판단하여 그것이 유쾌한 정보인지 유쾌하지 않은 정보인지를 판단한다. 뇌는 좋아하고 즐거운 감정이 없으면, 아무리 옳은 것이라도 금방 실증과 회피 반응을 일으키기에 옳은 것을 습관으로 만들려면 반드시 즐거움을 느끼는 것이 중요하다.

우리의 뇌는 하루에 7~12만 번 정도 생각을 하면서, 그때그때 좋아함과 좋아하지 않음을 판단한다. 또한, 인간의 뇌는 부정적 감정일수록 쉽게 기억하는 특성이 있다. 그러다 보니 살아가면서 좋았던 기억보다는 좋지 않았던 기억이 데이터베이스에 훨씬 더 많이 기억되는 것이다. 그렇기에 위기에 처했을 때 두려움과 불안으로 위축되어 회피 반응이 일어나는 특성이 일어난다.

뇌는 새로운 정보를 받아들인 후 좋고 싫음을 판단하기까지는 고작 0.5초가 걸린다. 즉, 오감을 통해 들어온 정보를 대뇌피질에서 0.1초 만에 인지하고, 편도체에서 0.4초 만에 기존에 있던 기억을 토대로 분석하여 호불호를 판단하는 등의 놀라운 정보처리 속도가 밝혀졌다.

또한, 우리의 뇌는 긍정적 감정과 기억보다는 부정적 감정과 기억을 훨씬 잘 기억하는 특성이 있다. 따라서 우리가 평상시 그냥 무심결에 생활하다 보면 자연스럽게 부정적 사고를 멈출 수 없게 된다. 그렇게 되면 무슨 일이든 해내기가 어렵다. 왜냐하면, 뭐든지 할 수 없다고 생각하는 사람은 할 수 없는 행동만 골라서 하게 되기 때문이다.

반면, 우리의 뇌는 입력 정보보다 출력 정보에 훨씬 더 반응을 보이는 특성이 있다. 그 때문에 긍정적 정보를 출력하면, 긍정적 사고와 행동으로 변화할 수 있는 것이다. 우리가 의도적으로 노력할 수 있는 출력 정보에는 표정, 말, 동작, 행동 등이 있다. 그러한 출력 정보를 바꾸고 조절하면, 설령 부정적인 정보가 입력되다가도 긍정적으로 변환되어 긍정적인 뇌로 변화된다. 즉, 표정과 말 그리고 행동 등을 긍정적으로 바꾸어 그것을 반복하면, 어떤 상황에서도 "할 수 있다, 해보고 싶다, 된다, 됐다." 등을 생각하는 뇌로 변하게 되는 것이다. 좋은 습관을 만들고 싶다면 먼저 긍정적인 출력 정보인 밝은 표정, 좋은 말, 긍정적인 동작, 바른 행동 등을 연습하고 노력해서, 입력 정보도 자연스럽게 긍정적으로 바뀌도록 해야 한다.

우리 뇌는 정보 에너지의 진동을 수신하고 송출하는 안테나와 같다. 우리가 하는 생각에 따라 발산되는 파동은, 같은 생각과 파동을 가지고 있는 사람에게 전달 및 공명된다. 고로 우주는 인류가 내보내는 모든 생각의 에너지가 파동과 입자로 가득 채워져 있는 거대한 정보은행과 같다.

인간이 하는 모든 사고는 기억에 기반하여 이루어진다. 그런데 그러한 기억 대부분이 과거 기억에서 비롯되다 보니, 현대인들은 매일 똑같은 생각과 표정과 말과 행동을 반복하면서 매일 똑같은 것들을 창조하며 살아가고 있다. 그러면서 스스로는 아무런 변화가 없다고 착각한다. 하지만 사실은 매일 새롭게 같은 내용을 창조하고 있는 셈이다. 따라서 우리는 이제 전전두엽의

미래기억을 기반으로 원하는 꿈과 목표가 현실로 되어있는 고차
적 상황의 관점에서 항상 생각하고 느끼는 사고습관을 생활화해
야 할 때이다.

3

감정을 감동으로 승화하는
〈자기경영 헬스케어〉

우리는 살아가면서 수많은 감정을 느낀다. 그리고 때로는 감동도 느낀다. 감동은 타인의 감정을 공감하는 과정에서도 자주 발생한다. 거울 뉴런(Mirror Neurons)은 타인의 행동이나 감정을 관찰할 때, 마치 자신이 직접 경험하는 것처럼 반응하는 뉴런들로 구성된 시스템이다. 이 시스템은 감정적 공감과 연관이 있다. 예를 들어, 영화 속 등장인물의 감정을 느끼면서 자신도 슬픔, 기쁨, 두려움 등의 감정을 느끼게 된다. 그와 함께 때론, 감동도 느끼는 경험 등은 모두 거울 뉴런의 활성화와 관련이 있다. 이 과정을 통해 우리는 타인의 감정을 자신의 것으로 받아들여서 더 깊은 감정 또는 감동의 느낌을 느끼게 된다.

또한, 감정이 감동으로 승화되는 과정에서 '인지적 재평가(Cognitive Reappraisal)' 역시 매우 중요한 역할을 한다. 인지적 재

평가는 상황이나 자극을 다르게 해석하거나 의미를 부여하는 과정을 말한다. 예를 들어, 어려운 상황에서 "이것은 나를 성장시키는 경험"이라고 재해석하면, 그 상황이 단순히 부정적인 감정에서 감동적인 경험으로 순식간에 변화될 수 있다.

우리가 감동적이라고 판단하는 경험은 자율신경계의 반응을 통해 신체적 변화를 일으킨다. 예를 들어, 가슴이 두근거리거나 눈물이 나는 것과 같은 반응은 감정적 자극이 강렬할 때 발생한다. 이는 편도체(Amygdala)가 자극되어 교감신경계를 활성화시킨 결과이다. 이러한 신체적 반응은 감정적 경험을 더욱 강렬하게 만들고, 나아가 감동으로 승화되는 과정에 중요한 역할을 한다.

그리고 감동은 종종 내적 동기와 의미의 강화와 관련이 있다. 즉, 개인이 경험하는 감정적 경험의 의미와 가치를 평가하는 데 중요한 역할을 한다. 감동적인 경험은 개인에게 중요한 가치나 신념과 일치할 때 더욱 강력해지며, 이는 경험의 의미를 재해석하고 강화하는 데 큰 영향력을 준다.

감정을 감동으로 승화하는 뇌과학적 기전은 다중 뇌 영역의 상호 작용과 신경전달물질의 역할, 인지적 재해석, 그리고 공감과 기억의 통합 등 여러 가지 요소에 의해 이루어진다. 이러한 과정을 통해 감정은 단순한 일시적 반응에서 더 깊고 의미 있는 감동으로 변화될 수 있다. 이러한 기전들은 우리의 일상 경험을 더욱 풍부하게 만들고, 삶의 질을 향상시키는 데 매우 중요한 역할을 한다.

　그럼 감정과 감동의 구체적인 차이점과 그에 대해 뇌에서 작용하는 생리적인 메커니즘은 좀 더 상세하게 살펴보자. 우리가 평소에 느끼는 기쁨, 쾌감, 두려움, 슬픔, 분노, 즐거움 등의 느낌들을 '1차 감정'이라고 한다. 이러한 1차 감정은 시상하부에서 담당하며, 시상하부에서는 이러한 1차 감정을 운동으로 표출한다. 즉, 시상하부에서 일어나는 1차 감정은 자신의 의식이 인지하기 이전에 자신도 모르게 외부로부터 들어오는 정보와 자극에 대해 몸소 반응하는 것이다. 예를 들어, 자신도 모르게 화를 내어버리는 경우가 대표적인 경우이다.

　반면 감동이란, 대뇌피질이 대규모로 사용됨으로 인해 1차 감정이 시상하부를 넘어 대뇌변연계에서 감정을 한 번 더 수신하여 느낌으로 승화된 것으로서, 뇌 전체가 사용된 감정을 의미한다. 이런 경우는 일단 일어나는 1차 감정에 대해 행동으로 반응하기 이전에 먼저 의식이 인식하게 된다. 그러다가 최종적으로 대뇌피질로까지 올라가면 어느덧 그 감정은 이제 특정한 느낌으로 바뀌게 된다. 이 느낌을 우리는 대개 '감동'이라 부른다. 이 순간에 자기가 평생 살아오면서 학습했던 모든 정보가 한꺼번에 전두엽에서 재조합되면서 새롭고 놀라운 창의성이 발현되게 된다. 즉, 이것은 국부적인 현상이 아니라 뇌 전체의 반응이다. 온몸의 전율을 느끼는 감동의 상태에서는 엄청난 흡수력으로 외부의 정보를 받아들일 수 있다. 예를 들어, 일생에 딱 한 번 보고 느긴 것이 평생의 기억으로 남게 되는 경우가 바로 그러한 작용이다.

〈자기경영 헬스케어〉 교육은 이러한 감정과 감동의 상태를 스스로 조절하고 다루어서, 매 순간 감동 속에서 자신을 평화적, 생산적, 창조적인 사람으로 역량 발현을 할 수 있게 돕는다. 그것이 가능한 이유는, 바로 초고속 인체 에너지 충전법을 통해 육체의 기능을 최상으로 활성화함으로써, 생명 뇌인 뇌간과 감성 뇌와 이성 뇌를 스스로 다스리는 힘을 길러주기 때문이다. 이러한 초고속 인체 에너지 충전법은 '충전 자세 ⋯▶ 충전 표정 ⋯▶ 충전 스피치 ⋯▶ 충전 호흡 ⋯▶ 충전 동작 ⋯▶ 충전 체조' 등의 총 6단계로 이루어져 있으며, 이러한 단계를 통해 양자장의 무한한 전기에너지를 인체 전기에너지로 흡수 및 충전하여 활기·활력의 상태로 단시간 내에 가능하게 해준다.

4
타임리미트 라인의 조절을 통한
창조력 발현

〈자기경영 헬스케어〉에는 힘든 상황에서도 스스로 스트레스를 다스리며, 창조력을 발현할 수 있는 사고 훈련법이 있다. 그것은 바로 타임리미트 라인(Time-Limit Line) 조절을 통한 창조력 사고 훈련이다. 타임리미트 라인(Time-Limit Line) 조절을 통한 창조력은 제한된 시간 내에 창의적인 결과를 도출하는 능력을 말한다. 이는 특히 뇌의 인지적 부담, 스트레스 반응, 그리고 집중력 발현 등의 조화로운 균형을 통해 가능해진다.

우리는 누구나 시간과 공간 그리고 차원의 제약을 받으며 살아간다. 그리고 각자의 꿈과 목표를 실현하기 위해 노력하며 현실을 살아간다. 그러한 과정에서 사람들은 정해진 기한 안에 선택한 목표를 완수하기 위해 육체적·심리적 압박을 받는다. 이럴

때, 타임리미트 라인을 잘 조절하고 다스리면 그에 대한 압박감을 극복하고 나아가 긍정적인 결과를 감동과 함께 창조할 수 있다.

우선, 시간 압박과 창의적 사고와의 상호 관계성을 살펴보자. 제한된 시간은 뇌에 인지적 스트레스(Cognitive Stress)를 유발한다. 이 스트레스는 문제 해결 능력과 신속한 의사 결정 능력을 촉진한다. 이러한 과정을 통해 우리의 뇌는 제한된 시간 안에서 창의적인 아이디어를 도출하기 위해, 기존에 알고 있던 정보를 빠르게 분석하고, 서로 연관되지 않은 개념을 결합하여 새로운 아이디어를 생성한다. 이러한 뇌의 연상 네트워크(Associative Network)가 활성화됨으로 인해 창조력이 발현되는 것이다.

또한, 적정 스트레스가 작용하면, 도파민(Dopamine)의 분비가 활성화되어 뇌의 보상 시스템이 자극됨으로 인해, 창의적 사고와 문제 해결, 새로운 아이디어를 찾고 시도하는 등의 상태가 발현된다. 이처럼 타임리미트 라인은 적절한 긴장감과 함께 도파민 수치를 최적화하여 창조력을 발현을 극대화하여 준다.

제한된 시간 내에서 창의성을 발현하기 위해서는 고도의 집중력이 필요하다. 이 과정에서 전두엽(Frontal Lobe)이 주도적으로 관여하며, 주의 집중, 계획, 문제 해결 능력을 조절하는 중요한 기능이 향상된다. 또한, 제한된 시간의 상황 속에서 다양한 아이디어를 빠르게 탐색하고 결합할 수 있게 된다. 타임리미트 라인이 설정되면, 뇌는 산만함을 줄이고 필요한 작업에 집중하게 되어 더욱 효율적인 창의적 사고가 가능해진다.

타임리미트가 설정되면 제한된 시간 내에서 결과를 내야 하는 압박감이 기존의 안전한 선택보다 새로운 시도를 하도록 만든다. 이때 뇌는 가능한 해결책을 빠르게 찾고, 기존의 틀에 얽매이지 않는 새로운 접근법을 찾고자 집중한다. 이처럼 적절한 시간 압박은 집중력과 문제 해결 능력을 극대화하고, 기존의 사고 패턴에서 벗어나 새로운 아이디어를 탐색하도록 자극한다. 이러한 과정은 뇌의 인지적 유연성, 도파민 시스템의 활성화 그리고 유동 상태의 경험을 통한 창의적 사고와 혁신적인 아이디어 도출이 가능하도록 만든다.

끝으로 타임리미트 라인을 잘 활용하여 창조력 발현을 극대화하는 방법 한 가지를 소개하고자 한다. 우리가 목표를 이루기 위해 설정한 기한 중에 중간 시점을 기준으로 그 앞의 시기를 타임리미트 전반기, 뒤를 타임리미트 후반기라고 한다. 일을 성공적으로 수행하기 위해서는 노력과 에너지를 타임리미트 전반기에 집중하여 쏟는 것이 효율적이다. 뇌는 본능적으로 타임리미트 전반기에는 어떠한 압박을 받아도 스트레스라고 인식하지 않기 때문이다. 이것이 바로 시간이라는 법칙이 우리에게 작용하는 방식이며, 우리가 매사에 해야 할 일을 뒤로 미루지 말아야 하는 이유다.

타임리미트 전반기와 타임리미트 후반기에 똑같은 노력과 에너지를 쏟을 경우, 타임리미트 전반기에서는 과정에서 힘들고 스트레스를 받아도 그것을 감동과 자긍심으로 승화가 쉽게 가능하다. 하지만, 타임리미트 후반기에 들어서면 그 순간부터 그 모든 것이 압박감과 스트레스로 작용하게 된다. 따라서 타임리미트 라인에 대한 뇌과학적인 작용 원리를 잘 알고, 스스로 목표하고 계획한 것을 타임리미트 전반기에 쏟아부으며 노력하는 라이프 스타일을 통해 항상 여유와 창조력을 함께 발현하는 삶을 실현하자.

5
미래기억을 담은
드림노트 활용

미래기억을 담은 드림노트(Dream Note)는 자신이 원하는 미래의 목표나 비전을 시각화하고 기록하는 도구로, 이를 통해 꿈과 목표를 달성하는 동기를 강화하고 창의적 사고를 촉진하는 방법이다. 이러한 드림노트는 단순한 기록 이상의 역할을 하며, 뇌의 특정 기능을 자극하고 잠재력을 극대화하는 방법으로 활용된다. 드림노트에 대한 효과적 원리는 주로 심리학적 원리와 뇌과학적 메커니즘에 기반한다.

드림노트는 자신이 이루고 싶은 미래의 목표, 꿈, 또는 바람을 구체적이고 생생하게 기록하는 노트이다. 단순히 글로 기록하는 것뿐만 아니라, 그림, 이미지, 시각적 상징을 사용하여 더욱 생동감 있게 표현한다. 이것은 끝없는 열정과 도전정신이 샘솟게 만들고, 성취욕을 높여 꿈과 목표를 현실화시키는 강력한 도구가 된다. 드림노트의 가장 큰 장점은, 자신의 꿈과 목표가 실제로 현실에서 실현되어있는 것처럼 생생하게 이미지화시켜준다는 것이다. 즉, 꿈이 이루어졌을 때의 흥분된 감정을 유지시켜주고 그에 대해 지속적으로 집중하는 사람으로 자연스럽게 변화하게 된다.

꿈을 이룬 사람들의 공통적인 특징은, 성공한 자신의 모습을 머릿속으로 계속 떠올리며, 감정을 조절하고 적극적으로 행동하는 습관을 실천하고 있다는 것이다. 그것이 바로 그들을 성공으로 이르게 하는 습관이다. 생각을 현실화시켜 반드시 꿈을 이루는 사람은 생각의 질이 높고 양이 큰 사람이다. 생각의 질을 높이고 양을 키우려면, 막연한 바람이 아닌 상상만으로도 가슴 뛰고 흥분되는 명확한 꿈을 가져야 한다. 그리고 중도에 포기하지 않고 꿈과 목표에 관한 생각과 느낌을 지속해서 반복한다.

반면 꿈과 목표를 이루지 못하는 사람들의 공통적인 특징은, 바쁜 일상의 크고 작은 일들로 인해 미래에 대한 꿈과 목표에 집중하지 못하고 현실에 빠져서 허덕이며 시간을 보낸다. 그러면서 자신은 최선을 다해 열심히 하고 있기에 언젠가는 꼭 꿈과 목표가 실현될 것이라고 기대한다. 하지만 꿈과 목표를 이루는 데 있어서 가장 중요한 것은 꿈을 향한 두근거리는 가슴을 유지할 수 있는 환경을 갖추는 것임을 명심해야 한다. 그런 후 때와 장소를 가리지 않고 자연스레 자신의 꿈과 목표를 떠올리며 실천하는 것이다.

드림노트는 원하는 미래를 마치 이미 이루어진 것처럼 생생하게 시각화하여 기록함으로써, 뇌가 이를 '미래 기억(Future Memory)'으로 받아들게 한다. 이는 무의식적인 목표 지향적 행동을 촉진하는 작업이다. 또한, 구체적이고 명확한 목표 설정을 통해 뇌가 이를 실현 가능한 계획으로 인식하게 하는 것이다. 이는 동기 부여와 행동 계획을 수립하는 데 있어 매우 중요한 작업이다. 그뿐 아니라, 미래에 대한 긍정적 이미지를 반복하는 과정에서, 특정 목표를 달성할 수 있다는 신념인 '자기 효능감(Self-Efficacy)'과 긍정적 사고가 강화되게 만든다.

이러한 드림노트를 활용하는 과정은 뇌의 여러 신경 메커니즘과도 연관되어 있다. 가장 먼저 시각화(Visualization)를 통해 전두엽(Prefrontal Cortex)과 운동 피질(Motor Cortex)을 활성화한다. 그리하여 마치 실제로 경험하는 것처럼 미래의 상황을 시뮬레이션하게 된다. 이는 '미리 경험한 느낌'을 주어 목표 달성을 위한 준비 상태를 강화한다. 이처럼 드림노트는 뇌과학적 원리와 심리학적 기법을 결합하여, 미래에 대한 명확한 비전을 설정하고 이를 실현하기 위한 동기와 계획을 강화하는 도구이다. 이를 통해 미래기억을 형성하고, 목표 지향적 행동을 촉진하며, 창의적 문제 해결 능력을 강화할 수 있다. 한마디로 정리를 해보면, 드림노트를 활용하면 개인의 잠재력을 극대화하고, 원하는 미래를 보다 효과적으로 실현할 수 있게 된다.

b
고차적 사고 운영체계
재구성

고차적 사고운영체계란, 단순한 지식의 암기나 기계적 반복을 넘어서서, 분석, 평가, 창의적 사고, 문제 해결, 추론, 메타인지 등과 같은 고차원적인 사고 능력을 모두 포함하는 인지적 구조를 의미한다.

고차적 사고운영체계의 재구성은, 인간의 사고 능력을 향상하기 위해 뇌의 인지적 프로세스를 재구성하거나 최적화하는 과정을 의미한다. 이는 새로운 정보처리 방식, 문제 해결 능력, 창의적 사고, 비판적 사고, 그리고 의사 결정력 등을 향상하는 데 초점을 맞춘다. 고차적 사고운영체계의 재구성은 인간의 인지적 잠재력을 극대화하고, 빠르게 변화하는 현대 사회에서 더욱 효과적으로 적응하고 발전할 수 있도록 돕는 중요한 과정이다.

그럼 본격적으로 고차적 사고 운영체계를 재구성할 방법을 살펴보자. 사람의 인격은 매 순간 어떻게 생각하고 느끼고 행동하는가에 따라 결정된다. 현재의 인생을 바꾸고 싶다면, 근본적으로 인격을 바꿔야 한다. 그 의미는 과거에 입각한 생각과 행동과 습관을 전체적으로 교정해야 한다는 의미이다. 그러기 위해서는 자신이 붙잡혀 있는 과거에 대한 '감정'을 찾아서 미래에서 느낄 '감정'으로 전환해야 한다. 그런데 대부분은 '과거의 자신'을 통해 '미래의 자신'을 창조하려고 한다. 그러나 그것은 불가능하다. 왜냐하면, 과거의 생각과 그로 인한 행동을 반복하면서 뇌의 신경망에 항상 같은 자극만을 주기 때문이다. 사람들 대부분은 항상 이러한 패턴의 반복 속에서 삶을 살아간다.

이런 과정에서 두뇌 신경세포들이 자극되어 무의식적 사고회로가 구축된다. 그렇게 프로그래밍 된 무의식은 자동화가 되어 작동하게 된다. 이러한 무의식을 자신이 원하는 방향으로 변화시키고자 한다면, 조용히 앉아서 눈을 감고 모든 생각과 느낌을 잠시 멈춘 상태에서, 과거의 생각과 미래에 대한 걱정도 잠시 멈추고 오로지 현재의 순간에만 집중한다. 바로 그 순간이 원하는 걸 모두 변화시켜 창조가 가능한 기회의 순간이다.

오늘의 일이든 어제의 일이든 아무 생각도 하지 말고 오직 현재에 집중한 뒤, 어떤 사람이 되고 싶은지, 자신이 원하는 상황은 어떠한 느낌의 상황인지를 떠올리며 그 느낌을 느껴보는 것이다. 즉, 눈을 감고 미리 리허설을 하는 것이다. 리허설을 통해,

자신이 느낀 감정의 상태를 온종일 지속할 수 있고 원래대로 돌아가지 않을 수 있다면, 결국 자신의 에너지는 바뀌게 된다. 가장 중요한 핵심은 오랫동안 그러한 충만함의 감정을 지속하는 것이다. 이러한 과정의 꾸준한 연습은 필수다.

그렇게 무의식 속에 각인되길 원하는 생각과 감정을 집어넣고, 하고 싶은 행동을 리허설하면, 그 생각과 행동이 무의식에 입력된다. 그리고 뇌의 신경들은 그 일들이 실제로 일어난 것처럼 느끼게 된다. 몸은 무의식의 지배를 받기 때문에, 그러한 감정이 상상으로 일어난 감정인지, 실제로 일어난 일인지 구별하지 못한다. 즉, 뇌의 언어인 생각과 몸의 언어인 감정을 조절하고 변화시킴으로써 스스로가 원하는 인격을 만드는 것이다. 사람들 대부분이 바뀌지 못하는 이유가 바로 항상 과거를 생각하며 하루를 시작하기 때문이다.

우리는 이제 미래기억을 통해 '새로운' 현재를 만들 것인지, 과거기억을 통해 늘 '똑같은' 현재를 만들 것인지를 선택해야 한다. 만약 자신이 미래기억으로부터 현재를 만들고자 결정했다면, 눈을 감고 마음속으로 느끼는 감정이 희망찬 미래의 것과 일치해야 한다. 그렇게 뇌와 온몸이 미래를 미리 맛보게 해야 한다.

사람들은 풍요로움을 느끼기 위해 먼저 절로 부자가 되길 기다리고, 새로운 사랑을 느끼기 위해 새로운 인간관계를 기다린다. 즉, 먼저 기대만 하고 수동적으로 기다리기만 하는 것이다. 하지만 무언가를 기다리는 삶은 평생을 결핍 속에 삶을 살도록 만든다. 그렇게 외부의 상황이 자신에게 찾아와서 자신의 상황과 상태를 바꾸어주길 기다리기만 한다. 그러한 행동은 오히려 꿈을 도망가게 하는 결과를 초래한다.

사람들 대부분이 미래를 창조하겠다는 생각을 어려워하는 이유가, 생각이 미래를 창조할 수 없다고 생각하기 때문이다. 만약 생각만으로 미래를 창조할 수 있다면 하루라도 생각하는 것을 놓칠 사람은 없을 것이다. 아마도 모두가 절대 놓치지 않고 생각을 통하여 미래를 창조하려고 할 것이다. 매일 아침, 감사함과 행복을 느끼며 일어나고, 아침에 원하는 미래를 상상하면서 힘을 얻고 완벽한 자신을 느끼며 하루를 시작한다면, 뭐든지 할 수 있기에 그냥 이뤘다고 생각하고 행복을 느끼는 연습이 반복적으로 필요하다.

그렇게 이미 이룬 느낌과 함께 가졌을 때의 감사한 감정을 무의식에 심는 것이다. 그처럼 소망을 이미 이룬 풍요의 감정에는 어떠한 결핍이나 분노도 느끼지 않으며, 오히려 풍요를 넘어선 충만함을 느낄 수 있다. 자신의 미래는 자신이 어떤 생각을 하고, 어떤 행동을 하는지, 어떤 감정을 느끼는가에 따라 결정된다. 신경과학에서는 이미 이것이 사실임이 증명되었다. 새로운 인생과 현실을 창조하기 위해 우리가 해야 하는 본질적인 변화는 바로 생각의 변화와 습관의 변화이다. 그리고 현실에 각인된 감정의 변화이다. 사람들이 자기 암시를 하거나 확언의 행위를 해도 원하는 미래를 창조하지 못하는 이유는 바로 이러한 생각과 감정의 변화를 원하는 대로 조절하지 못한 채 겉으로만 행위를 하기 때문이다.

우리는 이제 완전 다른 사람이 되어야만 한다. 우리는 열정적인 연습을 통해 완전하게 자신을 바꾸어야 한다. 과거의 기억을 넘어서 새로운 미래를 창조해야 하고, 창조를 위해 살아야 한다. 그러한 노력의 과정에서 뇌의 리더인 전전두엽이 활성화되며, 전전두엽과 연결된 다른 부분의 뇌들이 뇌 속의 모든 지식과 경험을 토대로 자연스럽게 새로운 방법들을 찾게 되는 것이다. 그러한 과정에서 명확한 비전이 그려지고, 열정을 가지게 되며, 진짜 일어나는 일처럼 느끼게 된다. 그렇게 몸은 실감과 함께 에너지를 느끼게 되며, 필요한 행동이 자연스럽게 일어난다.

그런 후 꿈과 목표, 비전 등을 종이에 적기 시작하면 된다. 우선, 해야 하는 것들을 적고, 이루고 싶은 미래의 목표를 적는다. 그렇게 매번 목표를 적을 때마다 이미 이룬 감정을 느끼게 되며, 점점 미래와 자신이 하나처럼 느끼게 된다. 신경과학적으로 말하면, 메타인지 사고가 활성화가 되는 것이다. 그로 인해 자기의 생각과 감정과 행동을 스스로 조절 가능해지는 것이다.

7
〈자기경영 헬스케어〉와
회복탄력성

회복탄력성(resilience)은 어려운 상황이나 스트레스에 직면했을 때 이를 극복하고 다시 회복하는 능력을 의미한다. 이는 개인이 스트레스, 고난, 트라우마, 비극 등을 어떻게 대처하고 적응하느냐에 따라 결정되며, 단순히 스트레스에 대한 저항력뿐만 아니라, 그 경험에서 긍정적인 변화를 끌어내는 능력까지 포함되는 것이다.

회복탄력성의 주요 요소로는, 정서적 조절 능력, 긍정적 사고, 문제 해결 능력, 사회적 지원 네트워크, 자기 효능감 등이 있다. 첫 번째 요소인, 정서적 조절 능력은 스트레스 상황에서 감정을 적절히 인식하고 조절할 수 있는 능력을 말하며, 이는 불안, 분노, 슬픔 등의 감정을 효과적으로 다루는 데 중요한 역할을 한다. 두 번째 요소인, 긍정적 사고는 어려운 상황에서도 긍정적인 측면을 찾고 희망을 잃지 않는 사고방식이며, 이는 낙관주의와도 관련이 있으며 미래에 대한 긍정적인 기대를 유지하는 사고이다. 세 번째 요소인, 문제 해결 능력은 스트레스나 어려움을 해결하기 위해 상황을 분석하고 해결책을 찾아내는 능력이며, 이는 문제에 직면했을 때 어떻게 대처할지를 결정하는 데 중요한 요소이다. 네 번째 요소인, 사회적 지원 네트워크는, 가족, 친구, 동료 등 주변 사람들의 지지와 도움을 받는 것을 의미하며, 이러한 사회적 관계가 튼튼할수록 스트레스 상황에서 심리적 안정을 찾기가 쉽다. 다섯 번째 요소인, 자기 효능감은 자신의 능력에 대한 신뢰와 믿음으로, 어려운 상황에서도 '할 수 있다'라는 생각으로 도전하는 태도이다.

〈자기경영 헬스케어〉와 회복탄력성은 서로 밀접하게 연관되어 있으며, 두 개념은 개인의 신체적, 정신적 건강을 유지하고 증진하는 데 중요한 역할을 한다. 〈자기경영 헬스케어〉는 개인이 자신의 건강을 적극적으로 관리하고 유지하는 것을 의미하며, 이는 회복탄력성을 강화하는 데 큰 도움이 된다.

〈자기경영 헬스케어〉와 회복탄력성의 관계를 조금 더 자세히 살펴보면, 〈자기경영 헬스케어〉는 스트레스 관리, 정서적 균형 유지, 그리고 균형 잡힌 육체적·정신적 건강 증진 등을 목표로 한다. 그리하여 신체적 건강을 증진시키는 동시에 스트레스 수준을 낮추고 정신적 안정을 추구한다. 이는 회복탄력성의 중요한 요소인 정서적 조절 능력을 강화하는 것이다. 또한, 스트레스 관리 능력이 향상되면, 스트레스 상황 속에서도 더욱 침착하고 명확한 사고를 할 수 있게 되어 문제 해결 능력을 강화 및 회복 탄력성을 높이는 데 큰 도움이 된다. 그뿐 아니라, 〈자기경영 헬스케어〉를 통해 자신의 건강과 생활 방식을 스스로 관리하고 통제할 수 있는 능력을 기르는 과정에서 자기 효능감(self-efficacy)이 매우 강화된다. "내가 나의 건강을 스스로 잘 관리하고 도울 수 있다"라는 믿음은 어떠한 스트레스 상황에서도 자신감이 생기도록 돕는다.

이처럼 긍정적 사고는 회복탄력성의 중요한 부분이며, 〈자기경영 헬스케어〉를 통해 성취감을 느끼고 긍정적인 변화를 경험하게 되면, 더 긍정적인 사고회로와 사고 패턴이 형성된다. 그리하여 〈자기경영 헬스케어〉는 지속적인 자기 성장과 학습을 촉진한다. 개인은 자신의 신체적, 정신적 건강 상태를 모니터링하고, 개선하기 위해 새로운 방법들을 시도하게 된다. 이러한 과정에서 새로운 기술과 지식을 습득하고 이를 활용하는 능력이 길러지며, 이러한 과정은 변화와 도전에 적응하는 회복탄력성을 향상시킨다. 예를 들어, 건강 관련 목표를 설정하고 이를 달성하기 위해 노력하는 과정에서 실패와 성공을 경험하고, 이를 통해 자신의 한계를 이해하고 극복하는 법을 배우게 되는 것이 그 예이다.

또한, 건강을 관리하는 과정에서 사람들은 종종 친구, 가족, 전문가들과 상호작용하며, 이러한 사회적 지원은 회복탄력성을 높이는 데 있어 중요한 요인이다. 건강한 생활 습관을 공유하거나 함께 운동하는 등의 활동은 사회적 유대감을 강화하고, 어려운 상황에서 서로에게 정서적 지지를 갖도록 해준다. 이처럼 사회적 지지가 강할수록 스트레스 상황에서도 정서적 안정을 유지하기 쉽고, 이는 회복탄력성을 높이는 데 큰 도움이 된다.

따라서, 〈자기경영 헬스케어〉를 통해 개인의 전반적인 삶의 질이 향상되도록 하는 과정에서 신체적 건강이 좋아지면서 정신적 건강도 함께 향상되며, 이는 스트레스와 어려움에 더 효과적으로 대처할 수 있는 능력으로 이어진다. 이처럼 삶의 질이 높아질수록 어려운 상황에서도 희망과 긍정적인 태도를 유지하기 쉽고, 이는 회복탄력성의 중요한 구성 요소이다.

결론적으로 〈자기경영 헬스케어〉는 회복탄력성을 향상시키는 데 너무나 중요한 역할을 한다. 바로 신체적, 정신적 건강을 스스로 관리하고 증진하는 과정에서, 스트레스 관리 능력, 정서적 조절 능력, 긍정적 사고, 자기 효능감, 그리고 사회적 지원 네트워크를 강화할 수 있기 때문이다. 이를 통해 회복탄력성은 높아지고, 삶의 질도 향상되는 것이다.

Chapter.3

의학의 입장에서 보는
〈자기경영 헬스케어〉

1
인간의
구성체

인간을 구성하는 구성체는 다양한 관점에서 설명할 수 있다. 여기에는 생물학적, 심리적, 사회적, 철학적, 정신적 및 영적 요소들이 모두 복합적으로 얽혀 있다. 이러한 각 요소가 상호 작용하면서 인간의 행동, 경험, 사고방식, 감정 등을 형성하며, 궁극적으로는 만물의 영장으로서 기능을 발현하게 한다. 인간을 진정으로 이해하기 위해서는 이러한 다양한 관점들을 통합적으로 고려하여 접근하는 것이 매우 중요하다. 왜냐하면, 인간은 단순한 생물학적 존재를 넘어서서 복잡한 심리적, 사회적, 문화적 존재이기 때문이다. 따라서 다음과 같이 다양한 관점에서 인간의 구성체에 대해 한번 살펴보자.

첫째, 생물학적 구성체로서의 인간은 크게 세포, 조직, 기관, 유전자 등의 구성 요소들로 이루어져 있다. 먼저 인간의 육체는 수조 개의 세포로 구성되어 있으며, 신경 세포 및 근육 세포 등과 같이 각 세포는 특정한 기능을 수행한다. 그러한 세포들이 모여서 조직을 이루며, 그러한 조직은 근육 조직, 신경조직, 상피 조직, 결합 조직 등이 된다. 이런 조직들이 모여서 심장, 폐, 간, 신장 등의 기관이 되며, 이러한 기관들은 각각 순환, 호흡, 해독, 배설 등의 기능들을 수행한다. 그리고 이러한 기관들이 모여서 소화계, 순환계, 호흡계, 신경계, 내분비계 등의 기관계가 되고, 상호작용하면서 생명 유지에 있어 필수적인 역할을 한다. 끝으로 인간의 유전적 구성은 DNA로 구성되어 있으며, 이는 부모로부터 물려받은 유전 정보를 포함하고 있다. 이러한 유전자들은 신체적 특성뿐만 아니라 질병에 대한 취약성, 성장과 발달까지 영향을 받는다.

둘째, 심리적 구성체로서의 인간은 인지(Cognition), 정서(Emotion), 동기(Motivation), 성격(Personality) 등의 구성 요소로 이루어져 있다. 그중에서 인지는 인간의 사고, 학습, 기억, 문제 해결 능력 등과 관련된 정신적 과정으로서, 주변 환경을 인식하고, 정보를 처리하며, 결정을 내리는 데 있어 중요한 역할을 하는 기능이다. 정서는 두려움, 기쁨, 슬픔, 분노 등의 다양한 감정을 서로 교류하면서 상호관계를 형성하며, 이를 통해 서로의 행동과 결정에 매우 큰 영향을 미치는 요소이다. 동기는 인간이 특정 행동을 수행하도록 유도하는 내적 상태이며, 생리적 동기(예: 배고픔, 갈증)와 심리적 동기(예: 성취감, 소속감) 등으로 나눈다. 성격은 개개인의 고유한 사고, 감정, 행동 패턴 등을 나타내는 성향을 의미하며, 유전적 요인과 환경적 요인에 의해 형성되어 각 개인의 행동과 대인관계 등에 큰 영향을 미친다.

셋째, 사회적 구성체로서의 인간은 가정, 직장, 지역사회 등 다양한 사회적 역할을 이행하면서 자신의 가치관과 행동에 영향력을 미치는 특정 문화 속에서 사고방식, 언어, 관습, 규범 등을 배운다. 그 과정에서 가족, 친구, 동료 등의 다양한 사회적 관계를 맺게 되고 그러한 인연 속에서 상호 정서적 안정과 성장에 대한 영향을 주고받게 되는 존재이다.

넷째, 철학적 구성체로서의 인간은 "나는 누구인가?"라는 자아와 정체성 회복과 함께 매 순간 스스로가 자유 의지를 품고 선택하며 살아가는 존재이며, 선과 악, 옳고 그름을 도덕적으로 판단하여 그에 따라 행동하는 윤리적인 존재이다.

다섯째, 정신적 및 영적 구성체로서의 인간은 단순히 물질적 존재에 그치지 않고, 영적 경험과 성장의 가능성을 가진 존재이다. 그리하여 많은 종교와 철학적 체계에서는 인간에게 영혼이 있다고 말하고 있으며, 이는 육체와는 별개의 존재로서 죽음 이후에도 계속 존재할 수 있다는 의미로 여겨지고 있다. 이러한 인간은 삶의 의미와 목적을 추구하는 존재로서, 자신의 존재 이유와 우주의 본질에 대해 질문하고 스스로 답을 찾아가려는 경향이 있다.

다음은 인간의 구성체에 대해 〈자기경영 헬스케어〉 분야의 관점에서 살펴보도록 하자. 그와 함께 인간의 구성체와 〈자기경영 헬스케어〉와의 상호관계에 대해서도 상세히 살펴보자.

인간은 영체(Spiritual Body)가 육체(Physical Body)를 입고 인체 에너지 전자기장 에너지에 의해 생명력을 가지고 살아가는 존재라고 말할 수 있다. 통합의학 분야인 양자 의학, 파동 의학, 에너지 의학 등에서는 인간을 구성하는 구성체를 육체(Physical Body), 에터르체(Ether Body), 아스트랄체(Astral Body), 멘탈체(Mental Body), 코잘체(Causal Body) 등으로 언급하기도 한다.

즉, 인간은 영체가 육체를 입고 인체 에너지 작용을 통해 살아가는 존재인 것이다. 영체는 고차적 주파수를 가지고 있는 '정보 에너지의 체'라고 할 수 있으며, 그러한 영체는 크게 '영'과 '혼'으로 구성되어 있다. 그 중 '영'은 필요한 정보를 흡수함으로써 몰랐던 걸 알게 되어 영이 밝아지게 된다. 그런 만큼 육체를 통해 실천하여 '혼'이 성장하게 될 확률이 높아지는 것이다. 이처럼 영과 혼으로 구성된 영체의 에너지원은 바로 정보이며, 영체는 정보에너지를 습득하고 흡수함으로써 성숙하고 성장하게 된다. 그러한 영체의 에너지원인 정보는 크게 '경험정보', '지식정보', '진리정보' 등으로 구별된다. 영체는 이렇듯 정보에너지를 습득하고 흡수하면서 스스로 필요한 정신 에너지를 충전하며, 그를 통해 에너지 질량을 키우고 성숙하고 성장한다.

반면, 육체는 먹고, 마시고, 숨 쉬면서 고체, 액체, 기체 상태의 전기에너지를 흡수하고 충전함으로써 살아가게 된다. 아울러

'소리에너지', '열에너지', '빛에너지' 등의 전기에너지도 육체의 중요한 에너지원으로 사용된다.

〈자기경영 헬스케어〉 과정에는 '충전사고 ⋯▶ 충전자세 ⋯▶ 충전표정 ⋯▶ 충전스피치 ⋯▶ 충전호흡 ⋯▶ 충전동작' 등의 단계를 통해 원하는 생각과 감정과 행동을 스스로 실행할 수 있도록 돕는다. 그리하여 활기·활력의 육체와 정신의 상태로 변화·발전하면서 꿈과 목표를 실현할 수 있도록 하고 있다. 그러기 위해서 우선 건강한 육체적 조건이 필수이기에 먼저 인체를 구성하는 요소들을 분류별로 살펴보도록 하자.

인체는 크게 골격계, 근육계, 신경계, 피부계, 내분비계, 순환기계, 림프 및 변역계, 소화기계, 비뇨기계, 생식기계, 감각계 등으로 분류할 수 있다. 그중에서 인체의 중추 기관에 해당하는 뇌에 관해서는 이미 앞에서 상세히 안내하였기에 그것을 참고 바란다.

우리의 몸은 60조 개의 세포로 구성되어 있고, 1초에 약 50만 개의 세포가 재탄생하고 있다. 순간마다 세포가 태어나고 있는데, 세포 하나하나는 신비한 생명체로서 '나'의 몸을 복제할 수 있는 엄청난 정보를 가지고 있다. 세포는 항상 생각과 느낌을 기억하면서 분열을 반복하기 때문에 지금 순간의 의식을 어떤 상태로 유지하느냐가 중요하다. 이는 긍정적으로 사고 훈련을 하는 것이 얼마나 중요한지를 말해주고 있다. 피부세포는 2주 만에, 간을 구성하는 세포는 4개월 만에, 몸의 거의 모든 세포는 3

년 10개월을 주기로 다시 태어나고, 7년에 한 번씩은 뼈를 포함한 모든 세포가 다시 태어난다. 이 과정에서 마음이 긍정적이면 몸의 세포가 긍정적인 세포로 변화한다. 이는 인간의 생각이 육체에 미치는 영향이 얼마나 큰지를 말해주는 것이다.

그중 신경계에 대해서 좀 더 자세히 알아보자. 신경계는 해부학적으로는 크게 중추신경계와 말초신경계로 구성되어 있다. 신경계는 신경조직에 의해서 구성되어 있다. 중추신경계는 뇌와 척수로 구성되어 있고, 말초신경계로부터 감각을 받아들이고 이에 따른 판단을 하며, 다시 그 판단에 따른 명령을 말초신경계를 통해 전달한다. 반면 말초신경계는 체성신경계와 자율신경계로 구성되어 있다. 체성신경계는 척수신경과 뇌신경으로 구성되어 있으며, 자율신경계는 교감신경계, 부교감신경계, 장신경계 등으로 구성되어 있다. 자율신경계의 자율은 대뇌의 직접적인 조절을 받지 않고 스스로 조절한다는 의미이다. 이러한 신경계의 구조는, 마치 나무를 거꾸로 세워 놓은 구조와 흡사하다. 머리 부위가 뿌리, 몸통 부위가 줄기, 팔과 다리 부위가 가지에 해당한다고 이해하면 된다. 나무는 뿌리 부위가 가장 중요하듯이 인체도 뿌리 부위에 해당하는 머리에 분포하는 뇌신경의 역할이 매우 중요하다.

이처럼 인간을 구성하고 있는 다양한 관점에서의 요소들을 살펴보았다. 그 요소들은 생물학적, 심리적, 사회적, 철학적, 정신적 및 영적 요소들로써 이들은 상호 복합적으로 작용하면서 인간의 행동, 경험, 사고방식, 감정 등을 형성하고 기능을 발현한다는 것을 살펴보았다. 아울러 〈자기경영 헬스케어〉 관점에서 인간의 구성 요소인 육체와 영체 그리고 그에 대해 필요한 에너지원에 대해서도 알아보았다.

2
인체 전자기장과
인간의 정신작용

인체 전자기장(Human Electromagnetic Field, EMF)은 인체 내에서 발생하는 전기장과 자기장의 상호작용으로 형성된다. 인체 전자기장은 주로 신경 신호 전달, 근육 수축, 심장 박동, 뇌 활동 등의 생리적 활동으로 발생하는 전기 활동이며, 자기장은 그로 인해 형성되는 것이다. 이처럼 전자기장은 전기장과 자기장이 서로 결합하여 발생하며, 전기장이 변할 때 자기장이 생성되고, 자기장이 변할 때 전기장이 생성된다. 이 두 가지의 상호작용으로 전자기파(electromagnetic waves)가 형성된다. 인체 내에는 신경 세포의 생리적 전기적 활동으로 전류가 흐르며, 이로 인해 전기장과 자기장이 동시에 발생하는 것이다. 그렇게 전기장과 자기장이 상호작용하여 공간에 파동 형태로 퍼지는 현상을 전자기장이라고 한다.

전기장(Electric Field)은 인체의 세포막 전위와 신경 자극이 전도될 때 발생하며, 신경 세포의 활동 전위(action potential)나 근육 세포의 수축 과정에서 형성된다. 자기장(Magnetic Field)은 인체에서 발생하는 심장 박동, 신경전도 등의 전류에 의해 형성된다. 전류가 흐를 때마다 해당 전류의 방향에 수직으로 자기장이 발생한다.

인체 전자기장의 발생 원인은, 심장 활동, 뇌 활동, 근육 활동 등에 의해서이다. 그중 심장 활동에 해당하는 심장 박동은 심장 근육 세포의 전기적 활동으로 조절되며, 이는 강력한 전기장과 자기장을 생성한다. 심장 활동에서 발생하는 전자기장은 심전도(ECG)와 심자도(MCG)를 통해 측정된다. 다음은 뇌 활동 부분인데, 뇌의 신경 세포가 전기 신호를 전달할 때 전기장과 자기장이 형성되며, 뇌의 전기적 활동은 뇌전도(EEG)와 뇌자도(MEG)를 통해 측정할 수 있다. 끝으로 근육 활동 부분은, 근육 수축 과정에서도 전기적 신호가 발생하며, 이로 인해 전기장과 자기장이 형성된다. 역시 근전도(EMG)와 근자도(MMG)를 통해 근육의 전기적 및 자기적 활동을 측정할 수 있다.

다음은 인체의 전자기장이 생리적으로 작용하는 부분에 대해서 상세히 살펴보자.

신경의 활동을 살펴보면, 뉴런(신경 세포)은 전기 신호를 통해 정보를 전달한다. 이 과정에서 전위차가 생기고, 그 결과 전기장과 자기장이 함께 발생하여 전자기장이 형성된다. 특히, 신경 세포가 신호를 전달할 때 발생하는 활동 전위(Action Potential)는 전기적 신호의 흐름을 유발하면서 주변에 전자기장을 발생시킨다.

심장도 전기적 신호를 통해 박동을 조절하는데, 이 과정에서 전류가 흐르게 되고, 전기장과 자기장이 생성되어 전자기장을 형성한다. 근육도 근육 세포가 신경의 자극을 받아 전기 신호에 의한 반응으로 수축한다. 이 과정에서 전류가 발생하고, 전기장과 자기장이 함께 생성된다.

이러한 인체 전자기장은 외부의 전자기장과도 상호작용할 수 있다. 예를 들어, 고전압 전력선 근처나 강한 전자기파가 발생하는 환경에서 인체가 외부 전자기장에 노출되면, 인체의 전자기장과 상호작용하여 다양한 생리적 영향을 미칠 수 있다. 또한, 특정 주파수의 외부 전자기장이 인체 내의 전자기장과 공명현상(Resonance)을 일으켜, 생체 조직에 영향을 줄 수도 있다. 예를 들어, MRI(자기 공명 영상)는 강한 자기장과 고주파 전자기파를 사용하여 인체 내부의 이미지가 생성된다.

이로 인한, 인간의 정신작용 원리는 뇌의 구조와 기능을 중심으로 한 복잡한 신경 네트워크와 신경전달물질, 전기 및 화학적 신호의 상호작용을 통해 이루어진다. 정신작용은 감각 입력, 인지, 감정, 기억, 의사결정, 언어, 의식 등 다양한 요소가 조합된 복합적인 과정이다. 이러한 과정은 대부분 뇌의 특정 영역과 신경 회로 간의 상호작용으로 조절되며, 특정한 신경전달물질과 전기 신호가 중요한 역할을 한다.

신경 네트워크를 살펴보면, 뉴런(Neuron)은 신경계의 기본 단위로, 정보를 전달하는 전기적 및 화학적 신호를 생성하고 전파한다. 인간의 뇌에는 약 860억 개의 뉴런이 있으며, 이들은 시냅스(synapse)라 불리는 접합부를 통해 서로 연결되어 신호를 주고받는다. 이러한 시냅스의 강도는 경험과 학습에 따라 변화하며, 이를 시냅스 가소성(Synaptic Plasticity)이라고 한다. 이 과정은 기억 형성과 학습의 기초 메커니즘이다. 또한, 대뇌 피질, 해마, 편도체, 시상, 기저핵 등 뇌의 여러 주요 부위가 특정한 정신 기능을 담당한다. 특히, 전두엽(Frontal Lobe)은 고차원적 사고, 계획, 문제 해결, 감정 조절, 사회적 행동과 같은 실행 기능을 담당하며, 두정엽(Parietal Lobe)은 감각 정보 통합, 공간인지, 수리적 사고 및 주의 집중 등을 조절한다. 측두엽(Temporal Lobe)은 청각 처리, 언어 이해, 기억 형성, 감정 처리와 관련이 있으며, 후두엽(Occipital Lobe)은 시각 정보처리를 담당한다.

신경전달물질에 대해서 살펴보면, 신경전달물질은 뉴런 간의 신호 전달을 매개하는 화학 물질로서, 특정 정신 상태와 행동은 신경전달물질의 농도와 활동에 따라 달라질 수 있다. 도파민(Dopamine)은 보상 시스템과 관련이 있으며, 동기 부여, 쾌감, 학습, 운동 조절 등에 중요한 역할을 한다. 도파민 분비가 불균형하게 되면 파킨슨병, 조현병 등의 신경정신질환 등에 영향을 준다. 세로토닌(Serotonin)은 기분 조절, 수면, 식욕, 충동 억제와 관련이 있으며, 불균형은 우울증, 불안장애 등과 관련이 있다. 노르에피네프린(Norepinephrine)은 각성, 집중력, 감정 조절, 스트레스 반응에 관여한다. 아세틸콜린(Acetylcholine)은 기억, 학습, 주의 집중, 근육 제어 등에 중요한 역할을 한다.

정신작용은 외부 환경에서 들어오는 감각 입력을 뇌가 처리하면서 시작된다. 감각 기관은 외부 자극을 수용하여 전기적 신호로 변환하고, 이를 뇌의 특정 영역으로 전달하여 그 의미를 해석한다. 의식(Consciousness)은 자신과 주변 환경에 대한 인식을 포함하며, 여러 신경 네트워크의 통합적 작용으로 발생하며, 무의식적 처리(Unconscious Processing)는 많은 정신작용이 무의식적으로 이루어지기에, 신속한 반응이 필요한 상황에서 중요한 역할을 한다. 기본 의식 네트워크(Default Mode Network, DMN)는 자기반성, 기억 회상, 상상 등에 활성화되는 신경 네트워크이다.

3
인체
전기장

인체 전기장(Human Electric Field)은 인체 주변에 형성되는 전기적 현상으로, 이는 체내의 생리적 과정과 신경 신호 전달, 근육 수축, 심장 박동 등에서 발생하는 전기 활동으로 생성된다. 인체 전기장은 생물전기 현상과 밀접하게 관련되어 있으며, 의료, 과학, 기술 등의 다양한 분야에서 중요한 연구 주제로 다뤄지고 있다. 이러한 인체의 전기장은 주로 신경과 근육의 활동에서 비롯된다. 신경 세포(뉴런)는 전기 신호를 통해 정보를 전달하며, 이 과정에서 전기장이 생성된다. 예를 들어, 심장 박동 시 심장의 근육 세포들이 수축하면서 전기적 신호가 발생하고, 이를 통해 심전도(ECG)를 측정할 수 있다. 근육 수축, 신경 신호 전달, 뇌 활동(뇌파), 심장 활동(심전도) 등의 생리적 과정에서 인체 전기장이 생성되는 것이다. 전기장은 전하를 띤 입자들 사이의 전기적 상호작용으로 인해 형성된다. 인체의 세포막은 전기적 전위를 가지며, 이로 인해 인체 내부와 외부의 전기적 차이가 발생한다. 신경 세포가 활성화될 때 세포막의 전위 변화가 전기 신호로 전달되며, 이때 전기장이 형성된다.

우리의 인체가 건강하기 위해서는 인체 전기장이 강화되어야 한다. 물속에 산소가 부족해지면 물이 오염되어 고기들이 떼죽음을 당하듯이, 사람의 몸에도 산소가 부족해지면 온갖 질병이 생긴다. 물속에 녹아 있는 산소의 양은 물이 가지고 있는 전기량과 비례한다. 즉, 물속에 전기가 많을수록 산소도 많이 용해되어 있다. 반면 물속의 전기가 줄어들면 산소도 기체가 되어 물속에서 탈출하게 되는 것이다.

이처럼 우리 몸 역시 인체에 필요한 전기가 부족해지면 우리 몸은 쉽게 병들게 된다. 세포의 약 70%가 물로 이루어져 있기에, 세포 내의 전기가 줄어들면 그만큼의 산소도 줄어들게 된다. 이로 인해 박테리아가 창궐하게 되며 정상적인 박테리아에서부터 덜 자란 박테리아까지 모두 유해균으로 성장하게 된다.

또한, 잘못된 식생활 습관과 자세, 부정적 사고 및 운동 부족, 과로 등으로 인해 인체 전기가 소진되면, 세포가 제대로 기능을 하지 못하게 되며 만성 통증, 산소 부족, 세포 기능 저하, 체내 독소 적체, 각종 피부적 질환, 비효율적 신진대사, 류마티스, 자가 면역 질환, 식도염 및 방광염 등 다양한 부작용이 발생한다.

우리가 걸음을 걸으면 발뒤꿈치에서 땅과 발이 부딪치는 압력으로 인해 인체에 필요한 전기가 발생하지만 바쁜 현대인들은 운동할 시간이 별로 없다는 이유로 인체 에너지가 부족한 실정이다. 그러므로 인해 현대인들 상당수가 크고 작은 질병들에 시달리고 있다. 평균 수명은 크게 늘었지만 그만큼 각종 질병으로 고생을 하다가 세상을 마감하는 경우가 함께 증가하고 있다. 그것이 바로 현대인들이 육체적 에너지 충전과 정신적 에너지 충전을 스스로 관리하여 육체적으로 건강하고 정신적으로 행복한 삶을 추구하도록 하는 〈자기 경영 헬스케어〉가 필요한 이유이다.

4
우주의 에너지와
인체 에너지

에너지(Energy)에 대해 과학자들이 언급하고 있는 개념은 두 가지이다. 첫 번째는, '공간에너지(Space Energy)'이고, 두 번째는, '생명에너지(Life Energy)'이다. '공간에너지(Space Energy)'란, 마치 공기처럼 우주 공간을 가득 메우는 '에너지의 바다(The Sea of Energy)'를 의미한다. 고대 인도에서 말해왔던 '프라나(Prana)', 그리고 서구과학계에서 언급했던 '에테르(Ether)', 끝으로 동양철학에서 말해왔던 '우주 만물의 근원'이자 '천지간에 가득 차 있는 氣' 등을 현대적 용어로 표현한다면 '공간에너지'라고 표현할 수 있다.

우주 공간이란, 그냥 텅 빈 진공일까? 아니면 지금의 과학기술이 포착하지 못하고 있는 미지의 에너지 공간일까? 과학사를 통해 본다면, 19세기 말 이전에는 우주 공간이란 어떤 미지의 에너지 공간이라고 생각하였고, 이러한 미지의 에너지를 에테르(Ether)라고 하였다. 20세기로 들어서면서, 우주 공간은 그냥 텅 빈 진공(Vacuum)에 불과하며 그 속에서 행성이 운동하고 있으며, 원자와 전자의 세계에도 이러한 개념이 적용되고 있다고 생각하였다.

그러나 20세기 후반에 들어서면서부터 우주 공간은 현재의 과학기술로는 포착되지 않는 '미지의 근원 에너지'로 가득 차 있으며, 이러한 '에너지 공간'이야말로 물질과 모든 에너지의 실질적인 근원이라는 주장이 강해졌다. 이 미지에너지를 '진공 에너지(Vacuum Energy)', '영점 에너지(Zero point Energy)5)' 또는 '공간에너지(Space Energy)' 등으로 호칭하였다.

우주 공간을 그저 텅 빈 진공이 아니라 미지의 에너지로 가득 채워진 공간이라고 가정한다면, 지구라는 행성은 이 원초적인 에너지 공간 속에 있으면서도 자체적인 또 다른 에너지 공간이 있는 것이다. 또한, 생명체와 생명현상 속에는 단순히 물질과학과 생화학적으로만은 결코 해석할 수 없는 미지의 '생명 에너지(Vital Energy)'의 작용이 포함되어있다. 한의학에서 주로 다루는 기(氣)라는 개념은 이러한 '생명 에너지'의 개념에 해당하는 것이다.

우주 공간 속에서 지구도 자체적인 지구 에너지 공간을 가지듯이, 생명체들도 생체를 감싸는 자체적 에너지 공간이 있는 것이다. 이러한 개념을 '생명장(Life Field)'이라고 부르는데, 이렇듯 생명체를 단순히 물질체로만 보지 않고, 생명장을 형성하고 있는 '생명 에너지체'라고 보는 관점은 로버트 베커(Robert Becker), 해롤드 버(Harold S. Burr), 루버트 쉘드레이크(Rubert Sheldrake) 등의 연구자들에 의해 시작되었다.

고등생물체로 넘어갈수록 생명현상은 더욱 강력한 정신작용을 동반하게 된다. 특히 인체에서 발현되는 기(氣) 현상 중에서 정신작용이 강력하게 포함된 것으로서는 투시(Clairvoyance), 텔레파시(telepathy), 염력 등과 같은 초능력 현상을 대표적으로 들수 있지만, 이러한 현상이 아니더라도 일반인도 쉽게 접할 수 있는 '기(氣) 치료' 혹은 '오라 힐링(Aura healing)' 등도 정신작용이 강하게 관계된 기(氣) 현상의 대표적인 것으로 들 수 있다. 이러한 현상들을 객관적으로 관찰하면 '기(氣)'라고 하는 것은 결코 '에너지'라는 개념만으로는 설명할 수 없는 더욱 복합적인 현상이라는 사실을 알 수 있다.

20세기 후반에서야 본격적으로 우리 앞에 등장한 '정보'라는 단어와 그에 따른 개념은 그야말로 기(氣)를 에너지로 설명할 때에 부족한 부분을 채워주는 핵심개념으로 사용되고 있다. '정보'라는 새로운 개념의 도입으로 인하여 기(氣)에 관한 과학적인 연구가 더욱 새롭게 확대되었다. 에너지라는 관점에서는 결코 설명될 수 없고 '정보'라는 개념을 도입해야만 설명되는 수 있는 '기적(氣的)'인 현상 중에서 대표적인 몇 가지 사례를 보면, 오링테스트, 기(氣)의 전사, 원격치료 등이 있다.

따라서, 기(氣)를 학술적인 용어로 정의해본다면, 생명과 물질이 가지고 있는 그 모든 정보를 담고 있는 '미지의 에너지' 혹은 물질세계와 정신세계를 함께 포괄하는 '정보 에너지(Informational Energy)'라고 표현할 수 있다. 그처럼 과학적인 용어와 개념으로 표현하고 해석함으로써 우리는 기(氣)를 더욱 객관적으로 파악할 수 있다.

5
인체
에너지장

초인체 자기장(Human Magnetic Field)은 인체 내에서 발생하는 전류로 인해 형성되는 자기장을 말한다. 이는 심장 박동, 뇌파 활동, 근육 수축 등의 인체의 생리적 과정에서 발생하는 전기적 활동이 원인이 되어 생성된다. 또한, 생체 자기장(Biomagnetism)은 생명체 내에서 발생하는 자기장을 의미하며, 이는 인체에서 발생하는 생리적 전기 활동과 관련이 있다. 이 자기장은 신경 신호 전달, 심장 활동, 뇌 활동 등에서 생성되며, 각각의 활동에 따라 고유한 패턴을 보인다. 인체의 생리적 전류가 자기장을 유도하며, 전류가 흐르는 방향에 수직으로 자기장이 형성된다. 이처럼 신경과 근육 활동에서 발생하는 전기적 신호가 인체 내부에서 미세한 전류를 유도하고, 이 전류는 주변에 자기장을 형성한다. 예를 들어, 심장이 박동할 때마다 발생하는 전류로 인해 심장 주변에 미세한 자기장이 생성된다.

　이와 같은 인체 자기장을 측정하는 장비로는, 뇌에서 발생하는 자기장을 측정하는 뇌자도(Magnetoencephalography, MEG), 심장에서 발생하는 자기장을 측정하는 심자도(Magnetocardiography, MCG), 근육의 전기적 활동으로 인해 발생하는 자기장을 측정하는 근자도(Magnetomyography, MMG) 등이 있다. 이러한 인체 자기장은 신체의 다양한 생리적 활동과 밀접한 관련이 있으며, 이를 기반으로 한 연구와 기술은 의학, 신경과학, 생명공학 등 다양한 분야에서 계속 발전하고 있다.

　동양의학에는 예부터 인체 내에 흐르는 생리적 전류를 기(氣)라고 하였다. 기(氣)가 경락을 타고 흐르는 원리는 바로 세포 속 양자들의 진동에 의한 에너지장의 흐름에 의해서이다. 그 에너지장은 약 5V의 전기를 띠고 있다고 한다. 물리학자 브레이트 클레인은 인간의 육체 이면에 있는 영체도 진동으로 존재한다고 하였다. 즉, 눈에 보이는 육체 이외에도 보이지 않는 진동으로 구성된 '에너지체'가 빛의 진동 상태로 존재한다는 것이다.

　지구의 표면으로부터 80km 상공에는 전리층이 지구를 감싸고 있으며, 지구와 전리층 사이엔 전기장 상태의 에너지장이 형성되어 있는데, 이 전기장은 지구의 진동으로 인해 형성된다. 그와 마찬가지로 사람의 인체도 눈에 보이지 않지만, 둘레에 약 60cm 두께의 인체 에너지장이 존재하며, 전자파나 바이러스로부터 우리 몸을 보호하여 준다고 미국 UCLA 의대 교수인 주디스 올로프 박사는 그의 저서 《포지티브 에너지》에서 말하였다. 이러한 인체 에너지장은 인체의 진동으로 인해 생긴 것이며, 우주의 진동 에너지를 받아들여 외부로부터 세균의 침투를 막고, 내부적으로는 우리 몸의 질병을 자연 치유하는 역할을 한다. 인체 에너지장은 낮에 활동할 때는 높은 진동수를 보이며 외부에 나와 있다가, 밤이 되면 진동수가 줄어들며 몸속에서 존재하게 된다.

이러한 인체의 에너지장은 낮에는 우주의 진동 에너지와 '공명현상'을 이루며 인체를 보호하는 역할을 하다가, 밤이 되면 지구의 진동수와 '공명진동'을 하게 된다. 특히 밤에는 몸속에 있는 에너지장이 간뇌를 활성화하여 각 장기와 세포, 원자 등의 에너지장을 회복하여 자연치유력을 높이기도 한다.

6
우주의
에너지장

초프라는(Deepak Chopra, 1947~)는 인도 뉴델리 출신 의사로 보스턴 대학에서 내분비학을 전공하였고 한때 이 대학에서 조교수를 지낸 바 있다. 지금은 매사추세츠에서 마하리시 아유르베다 메디컬센터를 운영하고 있으며 미국 아유르베다 의학회 회장을 맡고 있다. 그는 "인간을 포함한 모든 우주 현상의 발생에는 그 근원이 있다. 신의 존재를 연상케 하는 이 근원을 '의식의 통일장'이라고 한다. 이 의식의 통일장은 창조적 지성을 가지고 있으며 이 지성은 스스로를 나타내는 성질을 가지고 있다"라고 말했다.

그러한 에너지장을 또 다른 표현으로 '제로 포인트 에너지 필드'라고도 한다. '제로 포인트 필드'란 우주의 모든 곳에 편재하는 에너지장을 가리키는데, 이 에너지장 속에는 우주의 과거와 현재와 미래의 모든 정보가 기록되어 있다고 한다. 이해하기 어렵겠지만, 현대 과학인 양자물리학에서는 아무것도 없는 진공 속에도 방대한 에너지가 잠재해 있다는 사실을 밝혔다. 이는 '진공=無'라고 생각하는 일반적인 상식에서 보면 좀처럼 이해하기 어렵겠지만, 양자물리학에서는 '양자 진공'이라 불리는 미시 세계 속에 방대한 에너지가 존재한다고 보고 있다.

이를 상징하는 것이 현대 최첨단 우주물리학이 제창하는 '인플레이션 우주론(Inflation Cosmology)'이다. 이는 우리가 사는 우주가 어떻게 탄생했는지를 탐구하는 우주 생성 이론인데, 이 이론에 따르면 138억 년 전에는 우주가 존재하지 않았다. 그저 양자 진공이 존재했을 뿐이다. 하지만 양자 진공이 어느 날 갑자기 흔들림을 일으켰고, 그 직후에 급격한 팽창(Inflation)인 빅뱅을 통해 우주가 탄생했음을 말하고 있다.

이렇듯 양자 진공 안에는 장대한 우주를 낳을 만큼 막대한 에너지가 깃들어 있는데, 이런 양자 진공 안에 '제로 포인트 필드'라 불리는 장이 존재하며, 그 장에는 우주의 과거와 현재와 미래의 모든 사건이 파동으로서 홀로그램으로 기록되어 있다는 가설이 주목받고 있다.

본래 우리가 물질이라고 생각하는 것의 실체는 전부 에너지이자 파동이며, 우리가 질량을 가진 물질이나 고체 등을 딱딱한 물체라고 느끼는 것은 우리의 일상 감각 때문에 생긴 착각에 불과하다. 따라서 은하계 우주의 생성, 지구의 탄생, 사람이 지구에 태어남 등에 대한 에너지 파동의 움직임은 동일하다고 할 수 있다.

현대 물리학에서는 과거, 현재, 미래가 동시에 존재한다고 말한다. 예를 들어 천재 물리학자 아인슈타인은 일찍이 '상대성 이론'에서 우리가 사는 3차원 공간에 네 번째 차원인 '시간'을 더해 4차원 '시공 연속체'라는 견해를 제기했다. 이 '시공 연속체'에는 과거, 현재, 미래가 동시에 존재한다는 것이다. 미래(未來)란, '아직 오지 않았다'는 의미로서, 아직 존재하지 않는 '상황' 등으로 우리는 흔히 이해하고 있다. 또한, '과거(過去)'란, '이미 지나갔다'는 의미로서, 이미 생겨나 존재하여서 지나간 '상황' 등으로 이해하고 있다. 즉, 과거는 존재하지만, 미래는 아직 생겨나지 않았기에 존재하지 않는다고 생각하는 것이다. 또한, '시간은 과거에서 미래를 향해 한 방향으로 흘러간다.'는 것을 상식으로 생각한다.

영국 출신의 물리학자인 폴 데이비스 비욘드 연구소 소장은 시간을 '타임스케이프(Time-Scape)'라고 보았다. 이는 '랜드스케이프(Land-Scape)' 즉 '풍경'과 마찬가지 개념인데, 지도를 펼치면 모든 산과 강과 지형을 한눈에 볼 수 있듯, 우주의 공간적인 전개 전부와 우주의 시간적인 전개 전부를 한눈에 볼 수 있다는 뜻이다. 이 '타임스케이프'에서도 과거와 현재와 미래는 동시에 존재한다고 보았다.

이렇듯 보통 사람들의 일상 감각으로 시간을 바라보는 방식과는 크게 다르기에, 현대 물리학에서 시간을 바라보는 방식인 "제로 포인트 필드 안에 과거와 현재와 미래의 모든 정보가 들어 있다"라고 말하면, 당혹감을 강하게 느끼게 될 것이다. 하지만 일단 이 관점을 받아들이면 예감이나 예견, '미래의 기억'을 느끼는 이유를 이해하기가 훨씬 쉬워진다. 아인슈타인은 "우리 물리학자에게 과거, 현재, 미래라는 건 환상이다. 그것이 아무리 확고해 보여도 환상에 지나지 않는다."라고 말했다.

사람들은 '제로 포인트 필드'에 과거와 현재뿐 아니라 미래의 정보도 기록되어 있다는 건 우리의 미래와 운명 등이 이미 정해져 있는 것이 아닌지에 대해 의문을 가지고 있다. 하지만 '제로 포인트 필드'에 기록된 미래는 '가능성의 미래'이기 때문에 우리의 미래는 정해져 있지 않으며, 무수히 많은 미래의 가능성 중 가장 일어날 법한 미래가 현실로 일어나게 된다. 따라서 현재의 행동이 변하면 가장 일어날 법한 미래에서 또 다른 미래로 실현될 가능성이 변하게 되는 것이다.

그 때문에 우리가 '제로 포인트 필드'에 연결되어 미래를 예견할 때는 확실히 도래할 미래를 예견하는 것이 아니다. 가장 일어날 법한, 확률이 높은 미래를 예견하는 것이다. 그리고 우리가 구체적인 행동을 통해 '가능성의 미래'를 현재로 만들 때 하나의 미래가 확정되는 것이다. 이것이 바로 '제로 포인트 필드 가설'이 말하는 '가능성의 미래'이다.

앞에서 '제로 포인트 필드'에 기록되어 있는 모든 정보는 홀로그램 구조로 기록되어 있다고 했다. 그러한 홀로그램 구조의 기록은 파동의 상태로 기록되어 있다. 또한, 우리 뇌나 마음속에 존재하는 상념 역시 양자로 존재하며, 이 또한 파동으로 존재하고 있다. 이미 물리학에서 잘 알려져 있듯 하나의 파동은 그와 유사한 주파수의 파동과 공명을 일으킨다.

따라서, 뇌나 마음이 '제로 포인트 필드'와 연결될 때 우리 뇌나 마음속에 있는 상념이 그 필드 안에 있는 유사한 정보와 공명해서 끌어당김을 일으키는 것이다. 이것이 바로 '끌어당김의 법칙'이다. 그리고 이러한 끌어당김의 법칙은 많은 이들이 경험적으로 인정하면서 다음과 같이 과학적으로 조명되고 있다.

첫째, 이 우주의 모든 곳에는 '제로 포인트 필드'라 불리는 에너지장이 편재한다. 둘째, '제로 포인트 필드'에는 우리가 살아가는 우주의 과거와 현재와 미래의 모든 정보가 기록되어 있다. 셋째, 우리 마음이 '제로 포인트 필드'에 어떤 형태로 연결될 때, 우리는 과거와 현재의 사건은 물론이고 미래에 일어날 사건도 예감하고 예견할 수 있다. 다시 말해 우리의 마음은 시공을 초월한 모든 정보가 모여 있기는 '제로 포인트 필드'에서 정보를 받거나 거기에 정보를 보낼 수 있다. 만약 그렇다면 우리가 발휘하는 직관력이나 상상력, 발상 능력이나 창조력 같은 것은 사실 우리 뇌가 만들어내는 것이 아니라 '제로 포인트 필드'에서 주어지는 것이라고도 할 수 있다. 그와 함께 '시공간을 뛰어넘은 무의식 상태'가 되면 공간을 초월한 동시성 현상뿐 아니라 시간을 초월한 동시성 현상도 일어난다고 할 수 있다.

실제로 연구나 학문, 예술이나 음악 등 분야와 직업을 막론하고 이제까지 세상에서 '천재'라 불리는 많은 사람들에게 아이디어나 발상이 어디서 생기는지 물어보면 다들 예외 없이 "어디선가 영감이 내려왔다", "하늘의 계시처럼 떨어졌다."라는 표현을 썼다. "머리로 생각해서 얻어냈다."고 표현한 사람은 별로 없다. 그렇다면 우리 같은 일반인과 '천재'라 불리는 사람의 차이는 타고난 뇌 구조와 유전자의 차이, 선천적인 능력 차이가 아니라 '제로 포인트 필드'라 불리는 것과 연결되는 능력의 차이이고, 그 능력은 '사고 운영체계'를 변화시키는 것을 통해 후천적으로 갖출수 있다.

좋은 운을 끌어당기는 힘의 차이도 사실은 타고난 운이 강해서가 아니라 '제로 포인트 필드'와 연결되는 능력의 차이이고, 그 힘 또한 마음 세계를 바꾸는 기법을 습득함으로써 후천적으로 익힐 수 있다.

ㄱ
거울신경
세포

거울신경세포(Mirror Neurons)는 1990년대 이탈리아 파르마 대학의 연구자들에 의해 처음 발견된 신경세포로, 다른 사람의 행동을 관찰할 때 그 행동을 따라 하는 것처럼 활성화되는 신경 세포들이다. 이 세포들은 원래 원숭이의 뇌에서 발견되었으며, 이후 인간을 포함한 다른 동물들에게서도 유사한 세포들이 존재하는 것으로 밝혀졌다. 거울신경세포는 특히 관찰자가 다른 사람의 행동을 이해하거나 모방할 때 중요한 역할을 하는 것으로 알려져 있다. 예를 들어, 누군가가 손을 들어 올리는 것을 볼 때, 그 행동을 직접 하지 않더라도 우리 뇌의 거울신경세포는 마치 스스로가 손을 들어 올리는 것처럼 활성화된다. 거울신경세포는 주로 운동과 감각을 담당하는 두뇌 영역에서 발견되며, 특히 프리모터 피질과 인체 운동을 조절하는 전두엽에 위치해 있다. 이러한 거울신경세포는 공감, 사회적 학습, 모방, 언어 발달 등과 관련된 다양한 뇌 기능과 연결되어 있다.

거울신경세포의 주요 특징을 살펴보면, 첫째, 거울신경세포는 우리가 다른 사람의 행동을 관찰할 때 그 행동을 이해하고 모방하는 데 중요한 역할을 한다. 예를 들어, 한 사람이 공을 던질 때 이를 관찰하는 사람의 거울신경세포는 마치 그가 직접 공을 던지고 있는 것처럼 활성화된다. 이는 행동 학습과 사회적 학습에 기여한다. 둘째, 거울신경세포는 다른 사람의 감정과 고통을 이해하는 공감 능력과 관련이 있다. 다른 사람이 아프거나 불편해하는 것을 볼 때 우리의 뇌에서 거울신경세포가 활성화되어, 그들의 감정을 어느 정도 느낄 수 있게 한다. 이는 감정적 반응을 통해 사회적 유대를 강화하는 데 중요한 역할을 하는 것이다. 셋째, 거울신경세포는 언어의 기원과 진화와도 관련이 있다. 제스처나 몸짓 언어가 언어의 초기 형태로 여겨지는 경우가 많은데, 거울신경세포는 이러한 몸짓을 이해하고 따라하는 데 기여할 수 있기 때문이다. 다시 말해 언어의 발달 과정에서 중요한 신경 기제로 여겨지고 있다. 넷째, 거울신경세포는 단순한 모방에 그치지 않고, 행동을 계획하고 그 결과를 예측하는 기능도 한다. 예를 들어, 누군가가 컵을 잡으려는 것을 볼 때, 거울신경세포는 그 사람이 컵을 집을 것인지, 또는 들 것인지를 예측하고 이에 맞게 활성화될 수 있다.

거울신경세포는 신경과학의 중요한 연구 주제 중 하나로, 다양한 인간 행동과 정신적 과정을 이해하는 데 큰 기여를 하고 있다. 초기 연구는 주로 비침습적 방법인 fMRI, TMS 등을 통해 인간의 거울신경세포 활동을 연구했으며, 최근에는 뇌파 기록을 통한 연구와 더 나은 뇌 영상 기법들이 도입되어 거울신경세포의 기능과 역할을 더욱 정밀하게 탐구하고 있다. 거울신경세포의 역할에 관한 이해가 깊어지면서, 이 세포가 단순히 모방 학습에 국한된 것이 아니라, 사회적 이해, 공감, 언어, 문화적 학습 등 다양한 인간 경험의 기반을 형성하는 중요한 요소로 밝혀지고 있다.

앞에서 쭉 설명한 거울신경세포에 대해서 한마디로 요약하면, 거울신경세포는 내 앞에 있는 사람이 웃고 있는 걸 보고 있으면, 거울신경세포도 마치 내가 그렇게 행동하는 것처럼 동일한 반응을 나타낸다. 반대로 굉장히 고통스러워 힘들어하는 사람을 보고 있으면, 거울신경세포도 마치 내가 그렇게 고통스러워하는 것처럼 동일하게 반응한다. 그처럼 자신의 주변 상황과 환경에 자신이 영향을 크게 받는 이유는 바로 이러한 거울신경세포의 작용 때문이다. 그러다 보니 사람들 대부분이 현실적 상황이 힘들고 절망적일 때 그러한 현실을 그저 직시하면 할수록 점점 무겁고 어두운 상태가 되는 것 또한, 바로 그러한 이유 때문이다.

따라서 그러한 거울신경세포의 특성을 잘 활용한다면, 나의 현실이 어렵고 힘든 상황일수록, 눈을 감고 가시적으로 보이는 현실과는 잠시 교류를 멈춘 후, 자신이 꿈꾸는 목표들이 이미 현실로 이루어져 있는 미래기억의 상황에 의식을 집중하고 그에 대해 반응하는 사고 훈련을 하여야 한다. 그때 거울신경세포는 그것이 실제 현상이라고 인식하고 그 상황과 동일한 반응을 스스로 하게 되면서, 세포 전체가 그러한 상황 속에 있는 상태의 인체로 변화하게 되는 것이다. 그러한 과정에서 거울신경세포가 현실로 받아들인 정보에너지들은 인체 전기에너지로 변환되어서 양자장에 파동으로 발산된다. 그러한 반복 속에 양자장의 입자들이 반응하고 상호 작용하여 꿈꾸던 목표가 현실로 실현되는 것이다. 그것이 바로 상상하면 현실이 된다는 원리의 과학적인 메커니즘이다.

8

인체라는 악기 조율을 통한
활기 · 활력 회복

인체를 악기로 비유하여 조율을 통해 활기·활력을 회복한다
는 개념은, 몸과 마음의 균형과 조화를 맞추어 건강을 증진시키
고 에너지를 재충전하는 것을 의미한다. 이러한 접근 방식은 주
로 전통 의학, 대체 의학, 명상, 요가, 기공과 같은 심신 건강을
중시하는 치유법에서 많이 사용된다. 인체를 악기로 비유하여
건강 관리를 한다는 것은 신체의 각 부위를 악기의 각 부분처럼
세심하게 관리하고 조율해야 한다는 개념이다. 악기가 조율되지
않으면 좋은 소리를 낼 수 없듯이, 우리의 인체도 균형이 맞지
않으면 건강을 유지할 수 없는 법이다.

우리가 악기를 연주할 때, 사전에 악기의 줄을 조율하는 것
은 상식이다. 그래야만 정확한 소리로 연주가 가능하기 때문이
다. 이처럼 우리의 육체도 악기처럼 생활 속에서 수시로 조율을

해야 한다. 다시 말해, 삶이라는 무대에서 육체라는 악기를 통해 꿈과 목표라는 악보를 연주하는 것이 인생이기에 우린 육체의 상태를 수시로 조율해야만 한다. 본래 악기의 조율은 악기의 줄이 유지하고 있어야 할 고유의 힘을 유지할 수 있도록 줄의 힘을 수시로 보충시키는 것을 의미한다. 그런데 육체의 상태를 조율한다는 개념은 아마도 많이 생소할 것이다. 그렇다면, 〈자기경영 헬스케어〉에서 말하는 인체 조율은 과연 어떻게 하는 것일까? 그건 바로 인체 주요 7곳에 항상 보유하고 있어야 할 인체 에너지 기압을 충전하는 것이다. 그러한 인체 에너지 충전기술을 통해 육체 차원에서 보유하고 있어야 할 인체 전기를 수시로 보충 및 유지하는 것이다. 그로 인해 육체적인 활기·활력을 바탕으로 자신감과 창조력을 발현할 수 있게 된다.

아무리 명연주자라 할지라도 악기의 줄이 정확하게 조율되어 있지 않으면 아름다운 연주가 불가능하듯이, 육체라는 악기도 육체가 보유하고 있어야 할 고유의 인체 전력과 힘이 충전되어 있어야 꿈과 목표라는 악보를 건강하고 행복하게 연주할 수 있다. 그러기 위해서는 두피와 뇌, 비강과 교근, 단전과 손, 발 등의 인체 주요 부위 7곳에 필요한 인체 전력을 잘 관리해야 한다. 그렇지 않으면 점점 육체의 활기·활력이 떨어지고, 자기의 생각과 표정, 말과 행동 등이 스스로 원하는 대로 잘 연주되지 않기 때문이다.

이처럼 인생이라는 무대에서 꿈과 목표 실현이라는 연주 공연이 하루하루 성공적으로 실현되어 갈 때, 우리는 점점 성숙하고 성장하는 삶의 명연주자로 인정받고 존경받게 되는 것이다. 그때 비로소 자신에게 주어지는 모든 경험이 자기의 성숙과 성장을 위해서 우주로부터 주어지는 중요하고 소중하고 감사하고 행복한 기회라는 각성이 온몸으로 받아들여지게 되는 것이다.

9

천재 호르몬 베타엔도르핀과
맹독성 호르몬 노르아드레날린

베타엔도르핀(β-endorphin)과 노르아드레날린(norepinephrine)은 둘 다 모두 신경전달물질이자 호르몬으로서, 각각 뇌와 신체의 여러 기능에 중요한 역할을 한다. 이 두 물질은 서로 다른 기능을 가지고 있지만, 서로 연관되어 작용하는 경우가 많다.

우선 베타엔도르핀은 뇌와 신경계에서 생성되는 엔돌핀 계열의 호르몬으로, '천연 마약'이라고도 불린다. 주로 뇌의 시상하부와 뇌하수체에서 분비되며, 강력한 진통 작용을 하여 통증을 줄이고 쾌감을 유발한다. 베타엔도르핀 호르몬은 긍정적인 생각을 할 때마다 분비되는 호르몬인데, 해마와 전두엽에 분포하고 있는 쾌감 신경을 활성화한다. 또한, 해마를 자극해서 기억력을 상승시키고, 전두엽을 자극해서 학습 의욕을 촉진한다. 그뿐만 아니라 놀라운 학습 능력을 발현하게 하여 천재의 호르몬이라고 불리기도 한다. 특히, 운동 시 진통 속에서 마약과 같은 희열을 느끼게 하면서 동시에 젖산 등 피로 물질의 축적과 관절 또는 근육 통증을 감소시키는 역할을 한다. 즉, 운동이라는 행위를 통해 스트레스 수치를 감소시키기 위한 작용이다. 이 같은 베타 엔도르핀의 행복감과 상쾌함 때문에 운동을 지속적으로 습관화하는 사람들이 생기는 것이다. 주로 운동, 웃음, 성적 활동, 음식 섭취, 명상과 같은 활동 때 베타엔도르핀 분비가 증가한다.

반면 노르아드레날린은 교감신경계에서 분비되는 호르몬이자 신경전달물질로서, 스트레스 반응을 조절한다. 이러한 노르아드레날린은 베타엔도르핀과는 정반대되는 작용을 한다. 노르아드레날린은 부정적인 생각을 할 때마다 분비되는 호르몬이며, 뇌에서 베타엔도르핀이 분비되는 것을 막아서 해마와 전두엽에 분포하고 있는 쾌감 신경을 둔화시킨다. 노르아드레날린은 코브라의 맹독에 버금가는 독성물질로 알코올 및 마약 중독자의 뇌에서 주로 발견되고 있다. 심박수와 혈압을 상승시키고, 각성 상태를 유지하게 하여 인지 기능과 주의력 및 집중력을 향상시키는 데 중요한 역할을 한다. 간에서 글리코겐을 포도당으로 분해시켜 혈당 수치를 높이며, 교감신경계의 활성화를 유도한다. 주로 스트레스, 공포, 불안 등 긴급한 상황에서 분비가 증가한다.

베타엔도르핀과 노르아드레날린은 서로 다른 기능을 수행하는 호르몬이지만, 신체의 스트레스와 통증 관리, 감정 조절 메커니즘에서 서로 상호작용을 하고 있다. 우선 스트레스 상황에서는 노르아드레날린이 급격히 분비되어 몸을 긴장 상태로 만든다. 이런 상황에서 베타엔도르핀은 진통과 긴장 완화를 돕는 방식으로 작용한다. 즉, 노르아드레날린이 신체를 각성시키고 경계 상태로 만들면, 베타엔도르핀은 스트레스로 인한 통증과 불안을 경감시켜 균형을 맞추려는 역할을 한다. 또한, 고강도 운동 중에는 노르아드레날린과 베타엔도르핀이 모두 분비된다. 노르아드레날린은 운동 중 혈류와 심박수를 증가시키고, 베타엔도르핀은 운동으로 인한 통증을 경감시켜 '러너스 하이(runner's high)'와 같은 상태를 유발한다. 이 두 호르몬은 운동에 의한 스트레스와 보상을 동시에 조절하여 운동 후에 기분이 좋아지도록 한다. 그뿐 아니라 노르아드레날린은 각성과 불안을 유발할 수 있는 반면, 베타엔도르핀은 행복감과 진정 효과를 제공한다. 따라서 이 두 호르몬은 감정 상태를 조절하는 데 상호작용할 수 있으며, 균형을 유지하여 극단적인 감정 반응을 피하는 데 도움이 된다. 그리하여 베타엔도르핀의 증가가 불안감을 줄이는 데 기여할 수 있다. 끝으로, 우리 신체는 스트레스를 받으면 노르아드레날린을 분비하여 신경계를 활성화시키고, 일정 시간이 지나면 베타엔도르핀을 분비하여 신체를 안정화하고 회복시킨다. 이 과정을 통해 스트레스로 인한 부정적 영향을 최소화하려는 자기조절 메커니즘이 작동한다.

따라서 베타엔도르핀과 노르아드레날린은 서로 대조적인 역할을 하면서도 신체의 스트레스 반응, 감정 조절, 통증 관리와 같은 다양한 생리적 과정에서 협력하여 균형을 유지한다. 이 두 호르몬의 균형이 잘 유지될 때, 사람은 스트레스 상황에서도 적절한 대응과 회복을 할 수 있게 된다. 〈자기경영 헬스케어〉를 실천하는 사람들은 육체적 운동과 정신적인 운동이 동시에 병합되기에 베타 엔도르핀의 분비가 극대화되어서 육체적인 활기·활력 회복은 물론이고, 정신적인 총기 및 지성이 향상되는 탁월한 효과를 경험할 수 있다.

10

회복 탄력성과
〈자기경영 헬스케어〉

회복 탄력성(Resilience)은 어려운 상황이나 역경에 직면했을 때, 이를 극복하고 다시 회복하는 능력을 말한다. 회복 탄력성은 개인의 정신적, 정서적 건강과 관련이 있으며, 긍정적인 태도와 문제 해결 능력, 스트레스 관리 능력, 자기 효능감 등의 요소로 구성된다. 이는 개인의 성장과 발전에 중요한 역할을 하며, 심리학, 교육학, 조직 행동학 등 여러 분야에서 중요한 개념으로 다뤄진다.

회복 탄력성의 주요 요소로는, 첫째, 정서적 조절인데 이는 감정을 인식하고 관리하는 능력을 말한다. 정서적 조절은 스트레스 상황에서 부정적인 감정을 조절하고 긍정적인 태도를 유지하는 것이 핵심이다. 둘째, 긍정적 사고인데 이는 어려운 상황에서도 긍정적인 관점을 유지하는 능력을 말한다. 긍정적 사고는 문제를 새로운 기회로 인식하고, 해결책을 찾기 위해 적극적으로 행동하는 데 도움을 준다. 셋째, 사회적 지원인데 이는 가족, 친구, 동료 등 주변 사람들과의 관계에서 오는 지지와 도움을 말한다. 이처럼 강력한 사회적 지원망은 어려운 상황에서 더 빠르게 회복할 수 있게 한다. 넷째, 문제 해결 능력인데 이는 문제를 명확히 인식하고 해결책을 찾기 위해 논리적이고 체계적으로 접근하는 능력을 말한다. 이러한 문제 해결 능력은 스트레스를 관리하고, 어려운 상황을 극복하는 데 중요한 역할을 한다. 다섯째, 유연성인데 이는 상황에 따라 유연하게 사고하고 행동하는 능력을 말한다. 유연성은 고정된 사고방식보다는 열린 마음으로 다양한 관점을 수용하는 태도가 필요하다. 여섯째, 자기 효능감인데 이는 자신의 능력을 믿고, 스스로를 효과적으로 통제할 수 있다고 믿는 신념을 말한다. 이러한 자기 효능감은 목표를 달성하고, 역경을 극복하는 과정에서 중요한 역할을 한다.

이러한 회복 탄력성이 중요한 이유는, 개인의 전반적인 정신 건강과 삶의 질에 직접적인 영향을 미치기 때문이다. 높은 회복 탄력성을 가진 사람들은 스트레스 상황에서도 잘 대처하고, 긍정적인 사고와 행동을 유지할 수 있다. 또한, 이는 우울증 및 불안증 등의 정신적 건강 문제를 예방하고, 삶의 다양한 도전에서 성장과 발전을 촉진하는 데 도움이 된다.

회복 탄력성을 강화하는 방법으로는, 첫째, 자신의 감정과 생각을 이해하고 이를 수용하는 연습을 통해 자기 인식을 강화하는 것이다. 둘째, 명상과 마음챙김 연습을 통해 스트레스와 부정적 감정을 관리하는 것이다. 셋째, 규칙적인 운동, 균형 잡힌 식사, 충분한 수면을 통해 신체적, 정신적 회복력을 강화하는 것이다. 넷째, 친구, 가족, 동료와의 긍정적인 관계를 유지하고 강화하는 것이다.

20여 년 전만 해도 학자들은 인간의 뇌가 청년기부터 크게 변하지 않는다고 믿었다. 하지만 최근 뇌과학 연구 결과에 따르면 실상은 정반대다. 뇌의 구조와 기능은 '말랑말랑'하고, 일생에 걸쳐 쉬지 않고 변하는데 이러한 능력을 '신경 가소성'이라고 부른다. 즉, 생각과 행동, 경험 등의 변화에 적응해 뇌는 계속 진화하는 것이다.

뇌의 '회복 탄력성'을 향상하기 위한 핵심적인 개념이 바로 이 '신경 가소성'의 개념이다. 강력하게 연결된 신경세포 뉴런 집합은 학습이나 습관이 형성되는 토대가 된다. 생각, 느낌, 신체 감각 등이 신경 연결망을 형성하거나 변형한다는 사실이 신경과학 분야에서 이미 입증되었다. 이 연결망은 우리의 경험을 기반으로 지속적인 '재회로화(rewiring)'를 진행한다. 뇌에서 같은 신경 경로를 따라 반복적으로 활성화가 일어날수록 뇌의 신경세포인 '뉴런'의 연결과 조직화가 더 강해진다. 이것이 회복 탄력성 향상에 결정적인 중요 개념이다.

긍정적인 것을 거듭 생각하면 신경 회로가 더 긍정적인 변화를 향해 확장된다. 반면 염려, 두려움, 불안과 관련된 신경 회로는 덜 사용할수록 축소된다. 그러므로 신경과학에서는 잘되는 일에는 의도적으로 더 집중하는 것이 중요하다고 강조한다. 또한, 인간관계를 건강하게 유지하려면 그만큼 공을 들여야 한다. 관계가 틀어지면 좋은 점보다 나쁜 점에 초점을 맞추기 쉽다. 하지만 훈련을 통해서, 모든 갈등을 학습과 성장의 기회로 삼으면 타인을 공감하고 회복 탄력성을 향상할 수 있다.

〈자기경영 헬스케어〉에서는 인체 충전 훈련법으로 생명 뇌인 뇌간을 활성화하고, 그로 인해 감성 뇌의 편도체를 안정화함으로써, 이성 뇌의 전전두엽 활성화를 통한 영성, 지성, 감성, 인성의 기능을 향상한다. 이 과정을 통해 회복 탄력성 향상이라는 탁월한 효과를 성취할 수 있다.

그 때문에 회복 탄력성과 〈자기경영 헬스케어(Self-Management Healthcare)〉와는 상호 밀접한 상관관계가 있으며, 둘 다 개인의 건강과 삶의 질을 향상시키는 데 중요한 역할을 한다. 회복 탄력성이 높은 사람들은 자신의 건강을 보다 효과적으로 관리하고, 자기경영 헬스케어의 원칙을 잘 따른다고 볼 수 있다. 다음은 회복탄력성과 〈자기경영 헬스케어〉 간의 상관관계를 다양한 측면에서 살펴보자.

첫째, 스트레스 관리와 정신 건강 부분을 살펴보면, 〈자기경영 헬스케어〉는 개인이 자신의 건강 상태를 지속적으로 관리하고 개선하는 것을 목표로 한다. 이 과정에서 스트레스 관리는 아주 중요한 요소이며, 회복 탄력성은 스트레스를 더 효과적으로 관리할 수 있게 돕는다. 회복 탄력성이 높은 사람들은 스트레스 상황에서 긍정적인 태도를 유지하고, 이를 극복하는 데 필요한 전략을 더 잘 실행할 수 있다. 이처럼 회복 탄력성이 높으면 스트레스 상황에서도 효과적으로 〈자기경영 헬스케어〉를 실천할 수 있으며, 이는 정신 건강을 유지하고 개선하는 데 직접적으로 도움이 된다.

둘째, 건강한 생활 습관의 유지 부분을 살펴보면, 〈자기경영 헬스케어〉는 규칙적인 운동, 균형 잡힌 식사, 충분한 수면 등 건강한 생활 습관을 강조한다. 회복 탄력성은 이러한 습관을 형성하고 유지하는 데 필요한 자기 통제력과 의지를 강화한다. 회복 탄력성이 높은 사람들은 스트레스나 어려운 상황에서도 건강한 생활 습관을 지속할 가능성이 크다. 이처럼 회복 탄력성은 스트레스나 유혹에 굴하지 않고 건강한 생활 습관을 유지하는 데 도움을 주며, 이는 전반적인 신체적 건강과 장기적인 건강 목표 달성에 도움이 된다.

셋째, 자기 효능감과 행동 변화 부분을 살펴보면, 회복 탄력성의 한 요소인 자기 효능감(Self-Efficacy)은 개인이 자신의 행동을 효과적으로 통제하고 변화시킬 수 있다는 믿음을 말한다. 이는 〈자기경영 헬스케어〉에서 매우 중요한 요소로, 개인이 자신의 건강 행동을 개선하고 지속적인 관리를 할 수 있게 도와준다. 회복 탄력성이 높은 사람들은 자신의 건강 관리 목표를 더 효과적으로 설정하고 달성할 수 있다. 이처럼 자기 효능감이 높으면 〈

자기경영 헬스케어〉의 목표를 설정하고 달성하는 데 있어 큰 도움이 되며, 이는 회복탄력성과도 밀접한 연관이 있다.

넷째, 문제 해결 능력과 건강 관리 부분을 살펴보면, 〈자기경영 헬스케어〉는 개인이 자신의 건강 문제를 인식하고, 이를 해결하기 위한 전략을 세우는 능력을 요구한다. 회복 탄력성은 문제 해결 능력을 포함하고 있어, 복잡한 건강 문제에 직면했을 때 효과적으로 대처할 수 있게 한다. 이처럼 회복 탄력성이 높으면 건강 관리 과정에서 발생하는 문제들을 더 잘 인식하고 해결할 수 있다.

다섯째, 사회적 지지와 〈자기경영 헬스케어〉의 연관성 부분을 살펴보면, 회복 탄력성은 개인이 주변 사람들과 긍정적인 관계를 유지하고 강화할 수 있도록 돕는다. 이는 〈자기경영 헬스케어〉에서도 중요한 역할을 한다. 그 때문에 회복 탄력성은 강력한 사회적 지지망을 형성하게 하여, 〈자기경영 헬스케어〉를 성공적으로 실천할 수 있도록 돕는다.

결론적으로, 회복 탄력성과 〈자기경영 헬스케어〉는 서로 보완적인 관계가 있다. 회복 탄력성이 높을수록 〈자기경영 헬스케어〉의 원칙을 더 잘 실천할 수 있으며, 이는 전반적인 신체적, 정신적 건강에 긍정적인 영향을 미친다. 따라서 회복 탄력성을 강화하는 것은 〈자기경영 헬스케어〉에 있어서 매우 중요한 부분이다.

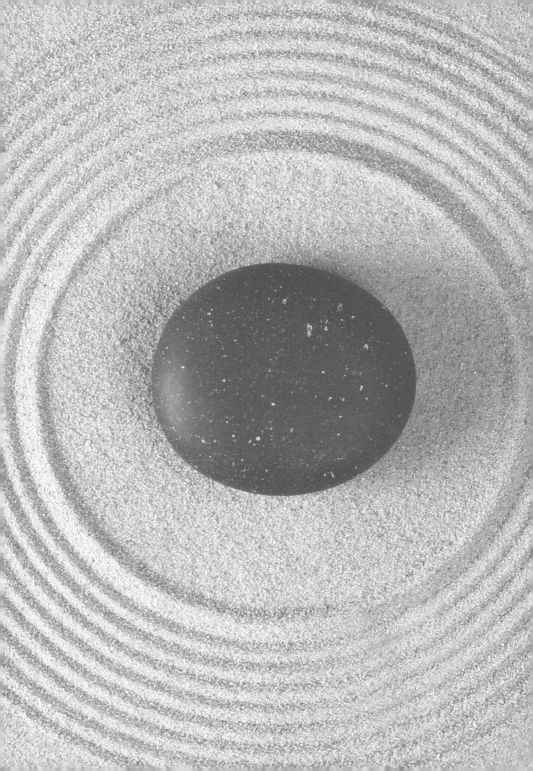

Chapter.4

양자물리학의 입장에서 보는
〈자기경영 헬스케어〉

1
양자물리학에서 보는
〈자기경영 헬스케어〉의 중요성

양자물리학의 개념에서 〈자기경영 헬스케어〉의 중요성을 이해하는 것은, 다소 철학적이면서도 혁신적인 접근이다. 양자물리학은 전통적인 고전 물리학이 설명할 수 없는 미시 세계의 복잡하고 상호작용적인 현상들을 다룬다. 이러한 관점은 〈자기경영 헬스케어〉에서도 새로운 이해를 제공한다. 다음은 양자물리학의 개념을 바탕으로 보는 〈자기경영 헬스케어〉의 중요성에 대한 부분이다.

첫째, 양자물리학에서는 모든 입자와 에너지가 상호 연결되어 있으며, 이는 '양자 얽힘(Quantum Entanglement)'과 같은 현상으로 설명된다. 이러한 상호 연결성의 개념을 〈자기경영 헬스케어〉에 적용하면, 인간의 몸과 마음, 환경, 생활 습관 등이 모두 복잡하게 상호 작용하여 건강 상태를 결정한다고 볼 수 있다. 〈자기경영 헬스케어〉에서는 자기의 몸과 마음을 관리하고, 자신의 건강 상태에 대해 더 잘 이해하고, 건강을 최적화하기 위해 필요한 행동을 취하는 것을 강조한다. 또한, 개인의 작은 생활 습관 개선이 전체 건강 상태에 큰 영향을 미칠 수 있음을 언급한다.

둘째, 양자물리학의 파동-입자 이중성(Wave-Particle Duality)은 물질이 입자이면서도 동시에 파동의 특성을 가진다는 개념이다. 이를 〈자기경영 헬스케어〉에 적용하면, 건강 역시 체중, 혈압 등의 단순한 물질적 상태로만 설명되지 않으며, 정신적, 정서적, 사회적 요소와도 얽혀 있는 다차원적 상태임을 이해할 수 있다. 〈자기경영 헬스케어〉는 이러한 다차원적 접근을 취하여 신체적 건강뿐만 아니라 정신적 웰빙, 스트레스 관리, 사회적 관계까지 포함한 포괄적인 건강 관리를 강조한다.

셋째, 양자물리학의 관점에서는 모든 물질과 생명체가 에너지로 이루어져 있으며, 이러한 에너지가 균형을 이루는 것이 중요하다. 이는 전통적인 동양의학에서 말하는 '기(氣)'나 '에너지 치유' 개념과도 일맥상통한다. 〈자기경영 헬스케어〉에서는 에너지 균형을 유지하기 위해 마음 챙김, 명상, 요가, 충전 체조, 적절한 영양 섭취, 규칙적인 운동 등이 강조되며, 이는 양자적 접근의 중요성을 반영하는 방법론이다.

넷째, 양자적 사고(Quantum Thinking)는 기존의 이분법적 사고 및 흑백 논리를 넘어, 불확실성, 다중 가능성, 비선형적 사고를 수용하는 접근이다. 이는 〈자기경영 헬스케어〉에서도 복잡한 건강 문제를 해결하기 위해 기존의 전통적 방식에서 벗어나 통합적이고 혁신적인 접근을 도입하는 데 중요한 역할을 한다. 〈자기경영 헬스케어〉는 개인이 자신의 건강 상태를 주도적으로 관리하는 능력을 키우고, 이를 통해 더 나은 건강 결과를 얻도록 하는 혁신적 모델로 평가된다.

다섯째, 양자물리학은 관측자가 시스템에 영향을 미칠 수 있다는 '관찰자 효과'를 제시한다. 이는 〈자기경영 헬스케어〉에서도 자신의 건강과 치유 과정에 적극적으로 관여하고 믿음을 가질 때, 실제로 건강에 긍정적인 영향을 미칠 수 있다는 심리적 요인과 연관이 있다. 〈자기경영 헬스케어〉는 환자의 자기 효능감을 강화하여, 개인이 자신의 건강에 대한 통제감을 느끼고 긍정적인 행동을 통해 건강을 개선하는 데 중점을 둔다.

이같이 양자물리학의 개념은 〈자기경영 헬스케어〉의 중요성을 강조하고, 건강 관리에서의 혁신적인 접근과 개별적이고 통합적인 방법론을 지원하는 데 기여한다.

다음은 〈자기경영 헬스케어〉의 관점에서 활용되고 있는 양자물리학적인 내용 부분을 살펴보자. 분자는 원자로 이루어져 있고, 원자는 더는 쪼갤 수 없는 최소단위로서 핵과 전자들로 이루어져 있다. 그중 핵을 중심으로 음전하가 핵 주변을 빠르게 움직이는 전기적 운동에너지를 과학자들은 진동이라고 불렀으며, 이 힘의 진동 속도가 모든 만물의 외관을 결정한다. 이러한 전자들의 운동에너지는 초당 횟수에 따라 소리 에너지, 열에너지, 빛에너지, 정보에너지로 구분한다. 전자들이 움직이는 운동에너지의 진동수가 초당 3,200번~3,800번이면 소리 에너지, 초당 150만 번이면 열에너지 상태가 된다. 우리가 평소에 방전되어 에너지 충전이 필요할 때 따뜻한 물을 마시고 더불어 뜨끈한 온수로 샤워를 하면 갑자기 에너지 충전이 되어 컨디션이 회복되는 경험을 하는 원리가 바로 열에너지 상태의 운동에너지를 흡수하기 때문이다.

또한, 원자 속의 전자들의 초당 진동수가 더 높아지면 빛에너지 상태가 된다. 초당 300만 번의 진동은 보라색 빛을 만들며, 이 이상의 진동수에서는 우리의 육안으로는 볼 수 없는 자외선과 다른 방사선을 방출한다. 그 때문에 우리가 평소 지쳐있을 때 밝은 빛을 쬐면 활기·활력이 향상되는 이유가 바로 빛에너지 상태로 있는 전자들의 운동에너지를 흡수하기 때문이다. 그와 함께 가장 중요한 부분이 바로 정보에너지에 대한 부분이다. 원자 속의 전자들의 진동수가 가장 높은 정보에너지는 그 어떠한 에너지 보다 우리에게 절대적인 영향을 미친다. 정보에너지는 크게 진리 정보, 지식 정보, 경험 정보 등으로 나눌 수 있으며, 그중 진리 정보는 지식 정보와 경험 정보들을 조화롭게 잘 운영하여 자신과 전체를 모두 이롭게 하는 지혜를 발현하게 한다.

즉, '소리 에너지 ⋯ 열에너지 ⋯ 빛에너지 ⋯ 정보에너지' 등은 전자들의 진동수 차이가 있을 뿐, 결국 다 같은 전기 에너지이다. 그 외에도 우리에게 절대적으로 필요한 에너지는 바로 먹고 마시고 숨 쉬는 고체, 액체, 기체 상태의 전기 에너지이다.

아울러 현대인들이 꼭 알아야 할 과학적 사실이 바로 "존재하는 모든 것은 에너지"라는 것이다. 인류의 최고 과학자 알베르트 아인슈타인이 발견한 수많은 과학적 진리를 한마디로 요약하면 바로 '모든 것은 에너지'라는 것이었다. 그 말의 의미는 사물과 에너지 사이에는 구분의 경계가 없으며, 물리적인 세상과 정신적인 세상 사이에도 사실상 경계가 없다는 것을 뜻한다. 아인슈타인을 비롯한 물리학자들은 한결같이 에너지 차원의 그 이면에는 '정보의 장'이 존재한다고 말했다. 다시 말해, 에너지장으로 가득 채워진 우주의 공간에는 에너지장보다 더 원천적 바탕의 '정보의 장'이 존재한다는 것이다. 그 때문에 생각이 물리적인 세상을 포함한 모든 것을 창조하는 것이다. 즉, 물리적인 세상에 존재하는 모든 것은 원자로 만들어졌으며, 원자는 에너지로 만들어졌고, 에너지는 바로 의식으로 만들어졌다. 그래서 생각은 모든 것이 비롯되는 원천이며, 일과 삶이 비롯되는 원천인 것이다. 고로 생각은 물질일 뿐 아니라, 물질을 '창조'하기도 한다.

때문에 〈자기경영 헬스케어〉는 현대인들이 이러한 에너지들을 평소에 잘 운영하고 활용하여, 육체적으로 건강하고 정신적으로 충만하도록 심신통합 건강을 돕고 있다. 그리하여 궁극적으로 건강하고 행복한 상태에서 꿈과 목표를 실현하면서 성숙하고 성장하는 삶을 실현하도록 한다. 이것이 바로 앞으로 시대에 발전할 심신통합 건강교육산업이 중요한 이유이다.

2

우주의 운영 법칙과
양자물리학

우주의 운영 법칙과 양자 물리학은 물리학의 근본적인 개념으로서, 우주의 가장 기본적인 원리를 설명하고 있다. 이 법칙들은 거시적 규모에서 미시적 규모에 이르기까지 다양한 현상을 설명하고 있으며, 물리학의 두 가지 주요 분야인 고전 물리학과 양자 물리학으로 구별하여 설명하고 있다. 특히, 양자 물리학은 아직 많은 미지의 영역을 포함하고 있으며, 이를 더 깊이 이해하려는 노력은 물리학, 화학, 생물학, 컴퓨터 과학 등 다양한 학문 분야에 걸쳐 새로운 연구를 촉발하고 있다. 양자 물리학은 우주와 자연의 근본적인 원리들을 재정립하며, 우리에게 새로운 질문을 던지고 새로운 가능성을 열어주는 중요한 분야이다. 이를 통해 우리는 우주가 어떻게 운영되고, 물질과 에너지가 어떻게 상호작용하는지를 더욱 깊이 이해할 수 있다.

태초에 빅뱅에 의해서 팽창되고 있는 우주는 지금도 급팽창하고 있으며, 이러한 우주는 일정한 법칙으로 운영되고 있다. 인류가 발견한 물리법칙은 우주 어디에서나 똑같이 적용된다고 과학자들은 말하고 있다. 138억 년이라는 우주의 나이 속에서 인류는 탁월한 도전정신으로 수십억 광년이 떨어진 곳에서도 작용하는 과학적 법칙들을 알아냈고, 멀리 떨어져 있는 별의 화학적 성분과 그 안에서 일어나는 핵융합 반응도 규명해 내는 등 3차원에서 4차원, 5차원을 거쳐 10차원 이상의 이론까지 밝히는 단계에까지 도달해 있다.

이론물리학자 미치오 카쿠는 "인간이 우주를 이해하고 싶어 하는 것은 자연스러운 것이다. 그리고 우리의 육체는 우주 속 별들의 원소들로 구성되어 있으며, 우리의 정신은 우주의 법칙을 이해할 수 있다."라고 말했다. 실제 우리의 몸을 구성하고 있는 모든 원소는 먼 옛날 어떤 별의 내부에서 핵융합을 거쳐 생성되었으며, 그러한 원소들이 결합하여 존재하고 있는 인간이 어느덧 우주의 법칙을 알아낼 정도로 지성을 갖추면서 우주의 운영 법칙을 탐구하고 있다. 이처럼 인간의 본능에 따라 우주의 운영 법칙인 진리를 탐구하고자 하므로 인해, 인간은 삶의 의미를 알고 실천하면서 영적인 성숙과 성장도 이룰 수 있는 것이라 해도 과언이 아니다.

양자 물리학에서는 물리적 세상에 존재하는 모든 것은 원자로 구성되어 있으며, 그러한 원자를 쪼개고 또 쪼개다 보니 결국은 에너지로 구성되어 있음을 밝혔다. 또한, 에너지를 움직이는 것이 결국 의식임을 현대 과학은 밝혔다. 즉, 자연과 우주 속에 존재하고 작용하는 모든 것은 바로 생각에서 비롯된 것이며, 생각은 모든 물리적인 세상을 창조하였다. 고로 자연 속에 존재하는 모든 것 그리고 우주에 작용하는 모든 현상은 생각에서 출발한 것이다. 즉, 물리적인 세상에 존재하는 모든 것은 원자로 만들어졌고, 원자는 에너지로 만들어졌으며, 에너지는 의식으로 만들어졌다는 것이 현대 과학이 밝혀낸 우주의 운영 법칙 중 하나이다.

다시 말해 사람들이 하는 생각은 물질일 뿐 아니라, 물질을 '창조'하기도 한다. 생각은 만물이 비롯되는 원천이며 일상과 삶이 비롯되는 원천이다. 사람이 사고하는 모든 생각은 각기 서로 다른 주파수를 발산한다. 이 주파수는 마치 잔잔한 호수에 던진 돌멩이가 파문을 일으키듯이 양자 우주에서 어떠한 반응을 유도한다. 모든 사건은 사람의 생각이 반영되어 나타나는 것이다. 인생에서 일어나는 모든 일의 원인은 바로 자기 자신에게 있다.

과학은 우리가 세상이라고 알고 있는 것 이면에 '순수 의식의 장'이 펼쳐져 있다고 말한다. 이것은 과학으로 측정 가능한 어떠한 에너지보다도 절대적으로 강력하며, 이러한 절대 의식의 장은 세상에서 일어나는 모든 것을 동시적으로 그리고 한 치의 오차도 없이 정확하게 운영하고 있다. 이것을 많은 이들은 '우주의 지성'이라고 표현하고 있다.

《시크릿》이 출간된 뒤에 많은 이들이 '끌어당김의 법칙'을 알게 되었다. 이 법칙은 눈에 보이지 않는 힘이 눈에 보이는 세상에 사건과 환경으로 발생하는 창조적 과정을 설명한다. 어빈 라즐로는 모든 것의 근원이자, 인간들의 모든 경험을 포함한 우주의 모든 정보를 저장하는 비물리적 저장소가 있는데, 그것을 '아카식 필드'라 말하였다. 심리학자 칼 융은 이것을 '총체적 무의식'이라 불렀다.

에너지 차원 이면에는 그보다 더 기본적인 차원이 존재하며, 이러한 차원의 장을 물리학자들은 '에너지장'이라 하지 않고 '정보장'이라고 불렀다. 이것을 다른 표현으로 '순수한 의식의 바다'라고 불렀으며, 이 순수한 의식에서 물질은 국지성이 덩어리진 형태로 여기저기서 드러나는 것이다. 의식은 우주의 구성 요소이고, 물질과 에너지는 의식이 취하는 두 개의 형태이다. 이처럼 온 우주에는 '보이는 현상' 움직이는 '보이지 않는' 우주의 운영 법칙이 존재한다. 법치 국가에 국가의 법칙이 존재하듯, 우주에도 우주의 운영 법칙인 진리 법칙이 엄연히 존재한다. 4차 산업 혁명 시대를 맞이하는 지구촌은 이제 이러한 우주의 운영 법칙을 학습하고 실천하며 살아가는 삶의 자세가 필수인 시대가 되었다. 그 때문에 현대인들에게는 그것을 도울 수 있는 인문과학 기반의 삶의 운영기술 교육인 〈자기경영 헬스케어〉 심신통합 건강교육이 절실히 필요하다.

3

원하는 상태로 변화하여
원하는 상황을 실현하는 양자장 법칙

양자장의 법칙을 통해 원하는 상태로 변화하여 원하는 상황을 실현하는 개념은, 양자 물리학의 기본 원리와 개념을 적용하여 현실을 창조하거나 영향을 미치는 것을 의미한다. 이러한 개념은 과학적 이론뿐만 아니라 철학적, 메타물리적 차원에서도 해석되며, 주로 양자 물리학의 몇 가지 중요한 원리를 바탕으로 설명된다.

첫째, 양자장의 개념(Quantum Field Theory, QFT)에 입각한 양자장 이론은, 양자 물리학과 상대성 이론을 결합하여 입자와 힘을 설명하는 물리학의 기본 틀 중 하나이다. 양자장 이론에서는 모든 입자가 '장(field)'의 형태로 존재하며, 이러한 장의 상호작용을 통해 입자가 생성되고 소멸하는 현상을 말한다. 이러한 양자장은 입자들이 상호작용하는 공간적이고 시간적인 매트릭스와 같다. 또한, 진동할 수 있으며, 이러한 진동이 실제로는 입자로 나타나게 된다. 우리가 현실로 인식하는 모든 물질과 에너지는 양자장의 동적 패턴의 결과가 우리 주변으로 나타나는 것이다.

둘째, 양자 중첩과 가능성의 실현(Quantum Superposition and Realization of Potentials)의 법칙에 입각한 개념 중 하나는 양자 중첩(Quantum Superposition)이다. 이는 한 입자가 동시에 여러 상태에 존재할 수 있음을 의미하며, 이러한 개념은 현실적 변화와 상황 실현에 적용되고 있다. 우리의 의식이나 의도는 양자장의 상태 중첩에 영향을 미칠 수 있다는 관점에서, 모든 가능성은 언제나 항상 존재하며, 관찰자가 특정 상태를 '선택'함으로써 그 가능성이 현상으로 실현되는 것이다. 또한, 양자 물리학에서는 관찰 행위가 입자의 상태를 결정짓는 데 있어 중요한 역할을 한다. 이를 삶의 상황에 적용하여 비유하면, 우리의 생각, 믿음, 의도, 주의 등이 현실에 있어서 특정하는 가능성을 실현하는 데 있어서 매우 중요한 역할을 한다는 것이다.

셋째, 양자 얽힘(Quantum Entanglement)과 의도의 연결성에 입각한 양자 얽힘의 법칙은, 두 입자가 서로 강하게 연결되어 있기에 공간적으로 멀리 떨어져 있어도 하나의 입자의 상태 변화가 즉시 다른 입자에 영향을 미치는 현상을 말한다. 마음과 현실의 연결성에 대해서도 살펴보면 마음과 현실은 서로 양자 얽힘으로 연결되어 있다. 그 때문에 우리가 강력한 의도를 품고 있으면, 그 의도는 현실에서 우리의 경험에 영향을 미치는 요소로 작용하게 된다. 이러한 양자 얽힘을 통해 사람들의 의식이 상호 연결되어 있고, 집단의 의도가 강력하게 하나로 모일 때, 현실을 변화시키는 힘이 작용하기도 하는 것이다. 즉, 다수의 사람이 같은 의도를 가지고 함께 명상하거나 집중할 때, 그 에너지가 증폭되고, 더 큰 변화가 일어날 수 있다. 이는 집단 명상, 의식적 시도 등을 통해 여러 실험적 연구에서 이미 검증된 바 있다.

넷째, 양자 물리학에서는 현실의 본질은 고정된 것이 아니라 다양한 가능성의 중첩 상태로 설명된다. 이러한 가능성 중 하나가 관측 행위에 의해 현실화되는 방식에 있어서 의식의 역할이 미치는 영향력에 대한 부분이다. '양자 의식론'에서는 의식이 실재(Reality)를 창조하는 데 중요한 역할을 한다고 말한다. 즉, 인간의 의식이 우주의 기본적인 구성 요소 중 하나라고 보는 관점이다. 우리의 의식적 상태, 신념, 의도 등은 양자장의 특정 진동 패턴을 선택하여 현실화하는 데 있어 중요한 요소가 된다. 또한, 의식적 선택이나 의도가 특정 파동을 일으켜서 하나의 현실을 실현하는 과정을 설명하고 있다.

다섯째, 양자장의 법칙을 실생활에서 원하는 상황을 실현하는 데 적용하려면, 우선 먼저 명확한 의도가 있어야 선택하려는 '파동함수'가 보다 뚜렷해져서 그것이 현실화로 될 확률이 높아진다. 이는 목표 설정, 시각화, 명상 등과 같은 정신적 훈련을 통해 강화될 수 있다. 또한, 마음(의식)과 감정이 조화롭게 일치할 때, 양자장에 강력한 신호를 보낼 수 있다. 즉, 긍정적인 감정과 신념이 결합된 의도는 더 강력한 창조적 힘을 가지게 되는 것이다. 역설적으로, 원하는 상태에 대해 집착하지 않는 비집착의 태도는 양자장에서 오히려 훨씬 더 긍정적 결과를 가져올 수 있다. 이는 양자 물리학에서 가능성의 자유로운 흐름을 허용하는 것에 대한 중요성을 말해주고 있다.

결론적으로 양자장의 법칙은 현실을 단순한 기계적 방식이 아닌, 다층적이고 상호작용적인 방식으로 이해하게 한다. 이는 우리가 양자 물리학의 개념을 일상생활에 적용하여 의식적 선택과 의도를 통해 원하는 상태와 상황을 실현할 수 있도록 해준다. 이 과정은 과학적, 철학적, 심리적 통찰을 통합하여 새로운 가능성을 창조하는 데 큰 도움을 준다.

이러한 양자 물리학에 입각하여 〈자기경영 헬스케어〉를 적용한 개념의 입장에서 살펴보면, 물리 시간에 배운 전자기장의 법칙은 전기장과 자기장이 서로 절대적인 영향력을 주고받는 불가분의 관계임을 말하고 있다. 전기장과 자기장의 관계성을 살펴보면, 전기장이 활성화되면 자기장이 증폭되고, 자기장이 증폭되면 전기장 역시 활성화되는 법이다. 인체도 마찬가지여서 인체 에너지가 충전되면 인체 전기장이 활성화되면서 더불어 인체 자기장도 증폭된다. 반면 인체 자기장이 증폭되면 인체 전기장이 활성화되어서 육체적으로 힘이 생기고 더불어 활기·활력이 생긴다.

우리가 흔히 표현하는 '기혈 순환이 잘 된다', '기분(氣分)이 좋다' 등의 표현은 바로 인체 전기장이 활성화되어 활기를 띤 상태를 말한다. 사람들은 흔히 '기쁘다'라는 개념을 '자신이 원하는 상황에서 느끼는 좋은 감정' 등으로 이해한다. 하지만 실제 '기분(氣分)이 좋다', '기쁘다' 등의 참된 의미는 '육체에 충전된 에너지가 활발하게 순환되는 정도'를 의미한다. 다시 말해 기분(氣分)이란, '인체 에너지가 순환되고 있는 상태의 정도'를 의미하는 것이다. 만일 자신이 항상 기분이 좋기를 바란다면, 인체 에너지 충전을 충분히 하여 스스로 에너지 순환을 좋게 하면 즉시 해결이 되는 것이다.

이처럼 인체 에너지 충전이 되면, 생각과 감정을 조절하는 사고력도 활성화된다. 그러므로 인해 자신이 원하는 생각과 감정에 대한 조절은 물론이고, 스스로가 발산하는 에너지 파동의 주파수도 조절할 수 있게 된다. 마치 배터리가 충분한 TV 리모컨으로 채널의 주파수를 자유롭게 선택할 수 있듯이 말이다. 다시 말해 내가 사고하는 생각에 따라 발산되는 인체 파동의 주파수를 자유롭게 조절할 수 있게 되는 것이다. 그러므로 인해 육체에서 발산되는 파동이 우주의 양자장을 향해 발산되며, 그 과정에서 입자들의 배열과 기류를 변화시켜 현상으로 실현되는 것이다.

우리는 평소에 자신이 사고하는 생각에 따라 자신의 상태와 상황이 좌우된다. 그러다 보니 대부분은 자신의 상태가 상황에 의해 좌우되고 지배받는 수동적 패러다임의 삶을 스스로 허용하며 삶을 살아간다. 그러면서 "기쁜 일이 없는데 어떻게 기쁜 상태가 될 수 있는가?", "기쁜 상황이 되어야 기쁠 수 있는 것 아닌가?"라고 말하고 있다. 이러한 현대인들에게 〈자기경영 헬스케어〉에서는 스스로 심신통합 에너지 충전을 통해 활기·활력을 회복하고 능동적이고 긍정적인 사고력을 활성화함으로써, 자신이 원하는 꿈과 목표를 실현하는 적극적인 삶을 적극 제시하고 있다.

4
인간이 대자연 우주의 일부임을 알 때 일어나는 에너지 충전 작용

인간이 대자연과 우주의 일부라는 사실을 깊이 인식할 때, 우리 내면의 에너지는 충전되고 균형을 회복하게 된다. 이러한 개념은 동양 철학, 신비주의, 현대 심리학, 에너지 의학 등 다양한 분야에서 다루어지고 있다. 다음은 대자연과 우주와의 연결성을 깨달을 때 일어나는 에너지 충전 작용에 대한 몇 가지 중요한 요소들이다.

첫째, 자연과의 연결성 회복 부분이다. 인간은 대자연과 별개의 존재가 아니라, 그 일부로서 존재한다. 이는 우리가 자연의 리듬, 에너지, 생명력과 연결되어 있다는 의미이다. 자연과의 연결성을 인식할 때, 우리는 내면의 본질적인 힘과 균형을 회복할 수 있다. 산림욕, 바다에서의 휴식, 공원에서의 산책 등 자연 속에서 시간을 보내는 것은 우리 신체의 에너지 흐름을 자연의 리듬과 동화시키는 데 도움이 된다. 이는 우리의 정신적, 감정적 에너지를 재충전하고 스트레스를 줄이는 효과를 준다.

둘째, 지구 에너지와의 공명 부분이다. 지구는 자체의 강력한 에너지 장을 가지고 있으며, 이는 모든 생명체에 영향을 미친다. 땅과의 신체적 접촉을 통해 우리는 지구의 에너지를 직접 흡수하고, 우리의 전기적 균형을 회복할 수 있다. 이는 '그라운딩(Grounding)' 또는 '어싱(Earthing)'이라고 불리며, 신체의 염증을 줄이고 스트레스 호르몬을 감소시키는 효과가 있다. 또한, 지구의 에너지는 우주 에너지와도 연결되어 있다. 인간이 이러한 사실을 인식할 때, 우리는 더 넓은 우주의 에너지와 함께 공명할 수 있으며, 이는 깊은 정신적 고요와 내면의 힘을 강화하는 데 도움이 된다.

셋째, 우주적 에너지와 의식의 확장 부분이다. 우주적 관점에서 인간은 더 큰 전체의 일부로서 존재한다. 우리의 의식이 우주와의 연결을 인식할 때, 우리는 개인적 정체성의 경계를 넘어선 더 큰 통합감을 느낄 수 있다. 이러한 경험은 일반적으로 영적 또는 초월적 상태로 여겨지며, 개인의 에너지를 높이고 내면의 평화를 가져올 수 있다. 명상, 깊은 호흡 운동, 요가 등은 우리의 에너지를 조화시키고 우주적 에너지와 정렬하는 데 중요한 도구가 될 수 있다. 이러한 관행은 우리의 마음과 몸, 영혼이 조화롭게 에너지를 순환시키도록 돕고, 에너지 충전의 효과를 극대화한다.

넷째, 에너지의 균형과 치유 부분이다. 동양 철학에서는 '기(氣)' 또는 '프라나(Prana)'라는 개념을 사용하여 생명 에너지를 설명한다. 인간이 자연과 우주의 일부로서 이 생명 에너지를 인식하고 받아들이면, 우리의 에너지는 자연스럽게 균형을 회복하고 치유된다. 우리 몸과 마음에 존재하는 스트레스, 부정적인 감정 등은 자연과의 연결을 통해 해소될 수 있다. 명상, 레이키 힐링, 에너지 힐링, 아로마테라피, 음악 치유 등의 다양한 치유법이 에너지 흐름을 원활하게 하고 자연의 힘을 통해 충전되는 데 도움을 준다.

다섯째, 생명력(Life Force) 회복과 창의적 에너지 증대 부분이다. 자연과 우주의 연결성을 인식하는 것은 단순한 에너지 충전뿐만 아니라, 우리의 창의적 능력을 높이는 데도 도움을 준다. 자연의 아름다움과 조화로움은 인간의 내면에 숨겨진 창의성과 문제 해결 능력을 자극하고, 더 나은 삶의 방향으로 이끌 수 있다. 자연과 우주의 일부임을 깨달을 때 우리는 내면의 생명력(Life Force)을 더 강하게 느끼게 된다. 이는 모든 생명체가 근본적으로 연결되어 있고, 생명을 유지하는 힘이 존재한다는 믿음에서 비롯된다. 이 믿음은 삶의 에너지를 북돋우고 건강과 행복을 증진하는 데 중요한 역할을 한다.

여섯째, 에너지와 의식의 확장된 체험 부분이다. 자연과 우주와의 깊은 연결을 통해 우리는 종종 초월적 경험을 하게 된다. 이러한 경험은 우리의 의식을 확장시키고, 자기 이해와 자기 변형의 새로운 차원으로 이끌어 준다. 이는 종종 '깨어남'이나 '자각'의 경험으로 묘사되며, 개인의 에너지 시스템에 긍정적 변화를 촉진한다. 이처럼 인간에게 필요한 절대적 에너지 충전은 자연과 우주를 통해서 가능하다. 사람은 크게 보이는 '육체'와 보이지 않는 '영체'로 이루어져 있다. 육체는 자동차와 같고 영체는 자동차를 운전하는 운전자에 해당한다. 우리의 육체와 영체는 모두 우주를 구성하는 원소로 형성되어 있기에, 인간은 대자연 우주와 소통할 때 탁월하게 에너지 충전이 된다. 그런데 어느 시점부터 인류는 스스로가 자연과 우주의 일부임을 망각한 채 점점 자연의 주파수와 멀어지게 되면서 육체와 정신이 병들기 시작했다. 자연의 에너지 주파수는 안정감을 선사한다. 그래서 사람들은 몸과 마음이 병들면 자연을 찾아가서 요양하는 것이다.

따라서 인간이 대자연과 우주의 일부임을 깨닫고 그 사실을 체험할 때, 이는 에너지를 충전하고 균형을 회복하며, 깊은 평화와 내면의 힘을 키우는 데 강력한 영향을 미칠 수 있음을 알 수 있었다. 이는 신체적, 정신적, 감정적, 영적 측면에서 모두 긍정적인 효과를 가져올 수 있으며, 건강과 웰빙을 증진하는 중요한 과정이 될 수 있다. 자연과 우주와의 연결을 인식하고 강화하는 것이야말로, 에너지 충전에 있어서 근본적인 힘이 될 수 있다. 잠시 하던 것을 멈추고, 하늘을 올려다보라. 그리고 공기와 바람을 느끼면서 천천히 깊은 심호흡을 통해 자연의 에너지를 느끼고 흡수해보라. 그 순간 금방 몸과 마음이 편안해짐을 느낄 수 있으며, 아울러 무한한 치유력과 창조력을 품고 있는 자연의 주파수로 스스로가 조율되는 것을 느끼게 된다. 그리하여 자연의 에너지가 자신에게 충전되는 경험을 하게 되는 것이다. 그와 함께 일상에서 자신에게 주어진 모든 상황과 경험들이 자신의 성숙과 성장을 위해 매우 중요하고 소중하고 감사한 기회임을 느껴보라. 누구나 힘든 상황과 기쁜 상황을 다양하게 경험하지만, 모든 순간이 자신의 성숙과 성장을 위해서 자연과 우주로부터 주어지는 중요하고 소중한 성장의 기회임을 자각하는 그 순간, 강렬한 행복감과 함께 육체적 에너지 충전이 절로 되는 경이로운 경험을 하게 될 것이다.

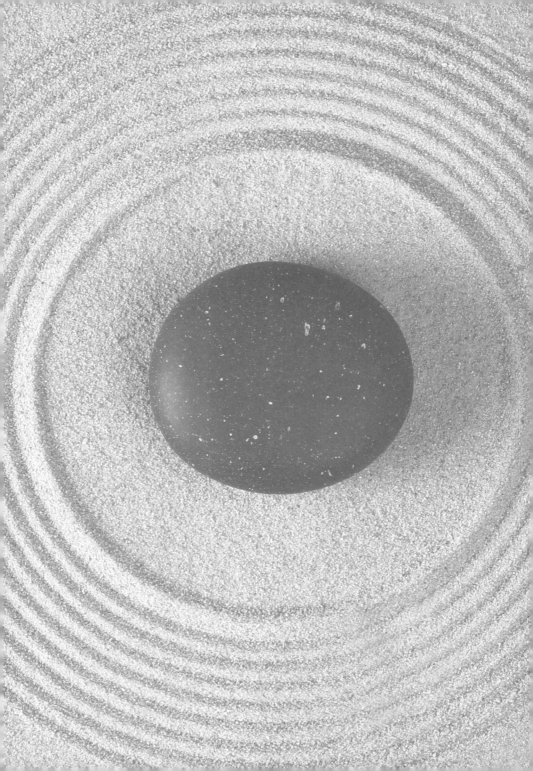

Chapter.5

건강, 행복, 성장, 성공을 돕는
자기경영 운영체계

1
자기경영
운영체계

자기경영 운영체계(Self-Management Operating System)는 개인이 자신의 목표를 달성하고 효율적으로 삶을 관리하기 위한 방법과 도구 등의 체계를 의미한다. 자기경영은 개인의 시간, 에너지, 자원, 능력 등을 최적화하여 원하는 결과를 얻기 위한 전략적 접근을 포함하며, 일상생활부터 직장 생활에 이르기까지 다양한 영역에서 활용될 수 있다. 자기경영 운영체계의 주요 요소를 경영학의 관점에서 살펴보면, 다음과 같다.

첫째, 목표 설정 및 계획 수립 부분이다. 자기경영에 있어 가장 우선적 단계는 명확한 목표 설정이다. 목표는 장기적 및 단기적으로 나눌 수 있으며, 구체적, 측정 가능, 달성 가능, 관련성, 시간제한 등의 기준에 따라 설정하는 것이 효과적이다. 목표를 설정한 후에는 이를 달성하기 위한 구체적인 계획을 수립해야 한다. 이는 일일,

주간, 월간 계획으로 나누어지며, 각각의 단계마다 필요한 행동과 과업을 구체화한다.

둘째, 시간 관리 부분이다. 효과적인 시간 관리는 자기경영의 핵심 요소이다. 시간 관리 방법으로는 할 일 목록(To-Do List), 일정 관리, 타임 블록(Time Blocking), 우선순위 매트릭스(Eisenhower Matrix) 등이 있다. 이러한 도구를 사용하여 중요한 일과 긴급한 일을 구분하고, 가장 중요한 일에 집중할 수 있도록 한다.

셋째, 에너지 관리 부분이다. 자기경영은 단순히 시간 관리에 그치지 않고, 개인의 에너지를 효율적으로 관리하는 것도 포함한다. 에너지를 관리하는 방법으로는 규칙적인 운동, 건강한 식습관, 충분한 수면, 휴식과 스트레스 관리 등이 있다. 하루 중 에너지가 가장 높은 시간대를 파악하고, 그 시간에 중요한 작업을 배치하는 것도 좋은 방법이다.

넷째, 자기 통제 및 습관 형성 부분이다. 자기 통제력은 자기경영에서 매우 중요한 요소로, 목표 달성을 방해하는 유혹을 이겨내고 꾸준히 행동을 지속할 수 있는 능력이다. 이를 위해서는 긍정적인 습관을 형성하고, 나쁜 습관을 제거하는 것이 필요하다. 작은 습관의 변화가 장기적으로 큰 결과를 가져올 수 있다.

다섯째, 피드백 및 성과 평가 부분이다. 정기적으로 자신의 성과를 평가하고 피드백을 받는 과정이 필요하다. 이를 통해 무엇이 잘 되고 있는지, 어떤 점을 개선해야 하는지 파악할 수 있다. 성과 평가는 일일 리뷰, 주간 리뷰, 월간 리뷰 등으로 나눌 수 있으며, 이를 통해 자기경영의 효과성을 지속적으로 높일 수 있다.

여섯째, 기록 및 데이터 관리 부분이다. 자기경영 운영체계의 일환으로, 목표 달성 과정과 그 성과를 기록하고 분석하는 것이 중요하다. 이를 통해 개인의 성과를 시각적으로 확인하고, 더 나은 전략을 도출할 수 있다. 일기 쓰기, 업무 기록, 성과 차트, 목표 추적 도구 등을 활용할 수 있다.

일곱째, 기술 및 도구 활용 부분이다. 다양한 자기경영 도구와 앱을 활용하여 체계적으로 계획을 세우고 관리할 수 있다. 그리하여 시간 관리, 작업 관리, 목표 설정 등 다양한 용도로 사용할 수 있다. 자기경영 운영체계는 개인의 성향과 목표에 따라 다르게 적용될 수 있으며, 지속적인 학습과 개선을 통해 점진적으로 발전시킬 수 있는 체계이다. 이를 통해 개인의 성과를 극대화하고 삶의 질을 향상시킬 수 있다.

지구촌은 18세기 중반 영국에서부터 시작된 1차 산업혁명을 시작으로 지금의 4차 산업혁명 시대까지 흘러오면서 급속한 물질문명의 발전을 이루었다. 이러한 시점에서 물질문명을 주도하고 이끌어갈 정신문화의 발전을 위한 시대적 움직임이 강하게 일어나고 있다. 바야흐로 인류의 의식혁명과 생활문화혁명이 필요한 시점이 되었다. 법치 국가에는 엄연히 국가의 법칙이 존재하듯, 우주에도 우주의 법칙이 존재한다. 그러한 우주의 법칙을 예로부터 '진리'라고 불렀다. 현대 사회는 이러한 진리를 기반으로 삶을 운영하는 역량이 필수 경쟁력인 시대가 되고 있다. 우주는 우주의 운영체계에 의해서 운영되고, 컴퓨터도 운영체계(Operating System)에 의해 하드웨어와 소프트웨어가 통합 운영되듯이, 사람도 자기경영 운영체계(Self Management Operating System)에 의해 육체(Physica Body)와 정신(spiritual Body)이 통합 운영된다. 그로 인해 육체와 정신의 통합된 건강은 물론이고, 건강하고 행복한 상태를 기반으로 꿈과 목표를 실현하는 잠재력도 발현된다.

현대인들이 자기경영 운영체계를 확립해야 하는 이유는, 바로 우주의 운영 법칙인 진리 법칙을 학습하고 실천하여 삶을 평화적, 생산적, 창조적으로 실현하기 위해서다. 현대 사회는 갈수록 이러한 삶의 운영기술을 필수 역량으로 요구하고 있다. 이제 지구촌은 점점 물질문명의 발전을 이끌어 온 산업혁명에 이어, 의식혁명을 통한 정신문화를 발전시키는 시대로 진화, 발전하고 있다.

〈자기경영 헬스케어〉에서 언급하는 '자기경영 운영체계'는, 크게는 '사고 운영체계'와 '인체 운영체계'로 구성되어 있다. 그러므로 인해 정신 에너지 충전과 육체 에너지 충전을 통해 육체적 건강과 정신적 건강을 균형 있게 실현하게 한다. 또한, 그것을 바탕으로 꿈과 목표를 실현하여 성숙하고 성장하는 삶을 추구하도록 돕는다. 그중 인체 운영체계는, '충전자세 ⋯ 충전표정 ⋯ 충전스피치 ⋯ 충전호흡 ⋯ 충전동작 ⋯ 충전체조' 등의 과정을 통해 육체에 필요한 에너지 충전을 매우 효율적으로 하여 활기·활력을 돕는다. 사고 운영체계는, 그러한 상태를 바탕으로 삶에 대한 목적과 명확한 목표를 확립하여 삶에 대한 중요함, 소중함, 감사함과 함께 꿈과 목표를 실현할 수 있도록 돕는다.

2
사고
운영체계

사고 운영체계(Thinking Operating System)는 개인이 문제를 해결하고 의사결정을 내리며 목표를 달성하기 위해 사용하는 사고의 체계와 방법론을 의미한다. 이는 효과적인 사고를 통해 복잡한 문제를 체계적으로 접근하고 창의적인 해결책을 도출할 수 있도록 돕는다. 사고 운영체계는 다양한 분야에서 활용될 수 있으며, 특히 비즈니스, 교육, 리더십, 개인적 개발 등에서 중요한 역할을 한다. 이러한 사고 운영체계의 주요 요소를 대중적인 관점에서 살펴보면, 다음과 같다.

첫째, 논리적 사고(Logical Thinking) 부분이다. 논리적 사고는 명확하고 구조화된 사고를 통해 문제를 분석하고 결론을 도출하는 과정이다. 이 과정은 연역적 추론(Deductive Reasoning)과 귀납적 추론(Inductive Reasoning)을 포함한다. 이러한 논리적 사고는 주로 데

이터 분석, 문제 해결, 프로세스 최적화 등에 활용되며, 논리적 오류를 방지하는 데 중요한 역할을 한다.

둘째, 비판적 사고(Critical Thinking) 부분이다. 비판적 사고는 주어진 정보나 상황에 대해 깊이 있게 분석하고, 편견이나 가정에 의문을 제기하며, 다양한 관점을 고려하는 사고방식이다. 이를 통해 정보의 신뢰성을 평가하고, 더 나은 결정을 내리기 위한 객관적인 판단을 할 수 있다. 비판적 사고는 주로 연구, 분석, 전략적 기획 등의 단계에서 매우 필요하다.

셋째, 창의적 사고(Creative Thinking) 부분이다. 창의적 사고는 기존의 방식에서 벗어나 새로운 아이디어를 창출하고, 문제에 대한 독창적인 해결책을 모색하는 사고방식이다. 브레인스토밍, 마인드 맵핑, 롤 플레잉(Role Playing) 등의 다양한 방법을 통해 창의적 사고를 촉진할 수 있으며, 혁신과 변화가 필요한 상황에서 매우 유용하다.

넷째, 시스템 사고(Systems Thinking) 부분이다. 시스템 사고는 문제를 개별 요소가 아닌 전체 시스템의 관점에서 이해하고 해결하는 방법이다. 이는 복잡한 문제의 근본 원인을 파악하고, 시스템 내의 다양한 요소 간의 상호작용을 고려한다. 이러한 시스템 사고는 문제를 더 넓고 심층적으로 이해할 수 있게 한다.

다섯째, 메타인지(Metacognition) 부분이다. 메타인지는 자신의 사고 과정을 인식하고 조절하는 능력을 의미한다. 즉, '생각에 대해 생각하는' 능력으로, 자신의 사고방식이 얼마나 효과적인지 평가하고 필요한 경우 이를 수정하는 데 도움을 준다. 이러한 메타인지를 통해 자신이 어떤 방식으로 문제를 해결하고 있는지 파악할 수 있으며, 이를 통해 자기계발과 학습 성과를 향상시킬 수 있다.

〈자기경영 헬스케어〉에서는 사고 운영체계를 크게 〈현차적 사고 운영체계〉와 〈고차적 사고 운영체계〉로 구분한다. 그중 〈현차적 사고 운영체계〉는 현차적 현실에 대한 중요함, 소중함, 감사함, 행복함을 인식하는 사고 운영체계이며, 〈고차적 사고 운영체계〉는 자신의 꿈과 목표가 이미 현실로 실현되어있는 고차적 현실에 대한 감사함과 행복함을 인식하는 사고 운영체계이다. 〈자기경영 헬스케어〉에서는 이러한 사고 운영체계를 총 13단계의 훈련 과정으로 하여 정신 에너지 충전이 가능하도록 하였다. 그리고 그러한 과정은 다음과 같다.

1단계, 삶의 목적은 상태의 성숙과 성장

2단계, 명확한 삶의 목표 구축

3단계, 리더십 사고 운영체계 구축

4단계, 돕는다는 마인드에서 발현되는 잠재력 발현

5단계, 원하는 상황을 성취할 수 있는 원하는 상태 구축

6단계, 경제를 경영하는 경제인 리더십 구축

7단계, 생각과 감정과 육체의 주인으로의 정체성 구축

8단계, 창조력을 발현하는 미래기억 사고체계 구축

9단계, 갑과 을의 관계 법칙을 통한 대인관계 기술 구축

10단계, 인사(人事)를 통한 대인관계 기술 구축

11단계, 감사 에너지 충전을 통한 꿈과 목표 실현 기술 구축

12단계, 우주의 인플레이션에 입각한 심신통합 충전기술 구축

13단계, 우주의 창조 근원과 자신을 연결하는 의식통합 기술 구축

그 중 첫 번째 단계는, 〈삶의 목적은 상태의 성숙과 성장〉임을 명확히 알고 삶에 대한 정체성을 회복하여, 매 순간 중요하고 소중하고 감사하고 행복하게 임할 수 있는 사고 운영체계를 갖추는 단계이다.

두 번째 단계는, 〈명확한 삶의 목표 구축〉을 통해 삶의 목표 자체는 삶의 목적이 아니라 삶의 중요한 수단일 뿐임을 자각하고, 그에 따라 삶의 목표를 명확히 구축하는 단계이다.

세 번째 단계는, 〈리더십 사고 운영체계 구축〉을 통해 개인이나 조직이 목표를 달성하기 위해 동기를 부여하고, 잠재력을 발휘할 수 있도록 변화와 혁신의 영향력을 미치는 리더십을 구축하는 단계이다.

네 번째 단계는, 〈돕는다는 마인드로 잠재력 발현〉을 통해 '하늘은 스스로 돕는자를 돕는다'는 진리를 학습하는 단계이다.

다섯 번째 단계는, 〈원하는 상황을 성취할 수 있는 원하는 상태 구축〉을 통해 자신이 원하는 꿈과 목표를 성취하기 위해 자신의 상태를 체계적으로 갖추어서 생산력과 창조력을 발현하는 단계이다.

여섯 번째 단계는, 〈경제를 경영하는 경제인 리더십 구축〉을 통

해 오직 돈만을 추구하는 '장사꾼 마인드'에서 사람의 성숙과 성장을 도우며 경제(사람+영향력+돈)를 추구하는 '경제인 마인드'로의 의식을 전환시키는 단계이다.

일곱 번째 단계는, 〈생각과 감정과 육체의 주인으로의 정체성 구축〉을 통해 스스로가 자기의 생각과 감정과 육체의 주인임을 자각하고 통제력을 회복하는 단계이다.

여덟 번째 단계는, 〈창조력을 발현하는 미래기억 사고체계 구축〉을 통해 자신의 꿈과 목표가 이미 현실로 실현되어있는 미래기억에 대한 사고체계를 확고히 구축하여, 모든 사고의 기반이 과거의 기억에서부터 출발하는 패러다임이 아닌 미래기억으로부터 시작되는 사고 운영체계를 확립하는 단계이다. 그러므로 인해 희망찬 미래기억의 확신 속에서 놀라운 생산력과 창조력을 발현하게 된다.

아홉 번째 단계는, 〈갑과 을의 관계 법칙을 통한 대인관계 기술 구축〉을 통해 삶 속에서 누군가에게 도움 주는 '갑'의 입장일 경우와 도움을 받는 '을'의 입장일 경우에 따른 각각의 행동 수칙을 학습하여 조화롭고 지혜로운 대인관계 기술을 습득하는 단계이다.

열 번째 단계는, 〈인사(人事)를 통한 대인관계 기술 구축〉을 통해 그때그때 적재적소에 전해야 할 단계별 마음을 잘 전하고 표현함으로써, 건강과 행복을 기반으로 성숙하고 성장하는 대인관계 기술을 습득하는 단계이다.

열한 번째 단계는, 〈감사 에너지 충전을 통한 꿈과 목표 실현 기술 구축〉을 통해 현차적 현실에서 주어지는 모든 경험에 대한 중요함과 소중함과 감사함과 행복함을 인식하고, 자신의 꿈과 목표가 이미 현실로 실현되어있는 고차적 현실에 대한 확고함과 감사함을 인식하여, 놀라운 창조력을 발현하게 하는 단계이다. 그리하여 살면서 불평, 불만 속에 감사하지 못했던 만큼에 비례하여 자신의 꿈과 목표 실현에 있어서 스스로 어려움을 자초하게 되는 이치를 스스로 이해하게 된다.

열두 번째, 〈우주의 에너지 인플레이션에 입각한 심신통합 충전기술 구축〉을 통해 급팽창하는 우주의 에너지 질량의 상승에 대응하여 개인도 스스로 육체와 정신의 에너지 질량을 균형 있게 상승시킴으로써 성숙하고 성장할 수 있게 하는 단계이다.

열세 번째, 〈우주의 창조 근원과 자신을 연결하는 의식통합 기술 구축〉을 통해 개인이 가지고 있는 논리적 사고회로에 따른 역량의 한계를 뛰어넘을 수 있도록 진리적 사고회로를 통해 초과학적 · 초자연적 역량을 발현하도록 하는 단계이다.

이와 같은 〈사고 운영체계〉는 각각의 단계별 과정을 통해, 스스로 생각과 감정과 육체의 주인으로서의 정체성 회복과 함께 평화적, 생산적, 창조적인 역량을 발현할 수 있게 한다. 더불어 삶의 목적과 삶의 목표를 명확히 확립하여, 건강하고 행복하게 꿈과 목표를 실현할 수 있게 한다. 그리하여 미래기억에 기반 된 꿈과 목표를 향한 집중력 증진과 함께 성숙과 성장 속에 건강, 행복, 성공을 실현하는 윤택한 삶을 실현할 수 있다.

3
인체
운영체계

인체 운영체계는 신체가 유지되고 기능을 발휘하기 위해 다양한 시스템이 상호작용하는 방식과 메커니즘을 의미한다. 인간의 신체는 여러 생리학적 시스템으로 구성되어 있으며, 각 시스템은 특정 기능을 담당하면서 서로 긴밀하게 연계되어 인체를 효율적으로 운영한다. 이러한 시스템은 세포 수준에서부터 조직, 기관, 그리고 전체 신체 수준에 이르기까지 작용하며, 생명 유지와 건강을 위해 필수적인 역할을 한다. 다음은 의학적인 입장에서 인체 운영체계의 주요 구성 요소를 살펴보자.

첫째, 신경계(Nervous System) 부분이다. 신경계의 구성 요소로는 뇌, 척수, 신경 등이며, 기능은 인체의 제어 센터로서 감각 정보를 수집하고 처리하여 신체의 다른 부분에 명령을 전달한다. 감각, 운동, 반사, 학습, 기억 등 모든 신체 활동을 조정하며, 중추신경계와 말초신경계로 나뉜다. 그중 중추신경계는 뇌와 척수로 구성되고, 말초신경계는 신체의 다른 모든 신경이 포함된다.

둘째, 순환계(Circulatory System) 부분이다. 순환계의 구성 요소로는 심장, 혈관(동맥, 정맥, 모세혈관), 혈액 등이며, 기능은 혈액을 통해 산소와 영양소를 신체 각 부위에 운반하고, 이산화탄소와 노폐물을 제거한다. 심장은 혈액을 펌프질하여 동맥과 정맥을 통해 순환시키고, 림프계는 면역 기능과 체액 균형을 조절한다. 또한, 심장은 순환계의 중심으로서 체순환과 폐순환을 통해 산소가 풍부한 혈액과 산소가 소모된 혈액을 각각 신체와 폐로 전달한다.

셋째, 호흡계(Respiratory System) 부분이다. 호흡계의 구성 요소로는 코, 기도(후두, 기관, 기관지), 폐 등이며, 기능은 외부 공기에서 산소를 흡입하여 혈액에 공급하고, 혈액에서 이산화탄소를 제거하여 외부로 배출한다. 호흡 운동을 통해 기체 교환이 이루어지며, 산소 공급과 이산화탄소 배출이 신체의 대사 작용을 돕는다. 그리고 폐포에서의 기체 교환은 산소를 혈액으로 전달하고 이산화탄소를 배출하는 중요한 과정이다.

넷째, 소화계(Digestive System) 부분이다. 소화계의 구성 요소로는 입, 식도, 위, 소장, 대장, 간, 췌장, 담낭 등이며, 기능은 음식물을 섭취하고 소화하여 영양소를 흡수하며, 불필요한 잔여물을 배출한다. 그뿐 아니라 소화 효소와 소화기관의 협력으로 탄수화물, 단백질, 지방을 분해하고 흡수한다. 또한, 간과 췌장은 각각 해독작용과 소화 효소 분비를 담당하며, 소화계의 주요 기능을 보조한다.

다섯째, 배설계(Excretory System) 부분이다. 배설계의 구성 요소로는 신장, 요관, 방광, 요도 등이며, 기능은 신장이 혈액을 여과하여 노폐물을 걸러내고, 체내의 수분과 전해질 균형을 유지한다. 결과적으로 생성된 소변은 요관을 통해 방광에 저장되며, 요도를 통해 배출된다. 신장은 필터 역할을 하여 노폐물과 과잉 물질을 제거하고, 체내의 항상성을 유지한다.

여섯째, 내분비계(Endocrine System) 부분이다. 내분비계의 구성 요소로는 내분비선(뇌하수체, 갑상선, 부갑상선, 부신, 췌장, 생식샘) 등이며, 기능은 내분비계는 호르몬을 분비하여 신체의 성장, 대사, 생식, 스트레스 반응, 체온 조절 등 다양한 생리적 과정을 조절한다. 호르몬은 혈액을 통해 표적 기관에 전달되어 신체의 균형을 유지한다. 또한, 뇌하수체는 주요 내분비선으로, 다른 내분비선의 활동을 조절하는 중요한 역할을 한다.

일곱째, 면역계(Immune System) 부분이다. 면역계의 구성 요소로는 백혈구, 림프절, 림프관, 비장, 골수, 흉선 등이며, 기능은 외부의 병원체(바이러스, 세균 등)와 내부의 비정상 세포로부터 신체를 보호하는 방어 시스템이다. 면역계는 선천 면역과 후천 면역으로 나누며, 백혈구와 항체를 통해 감염과 질병으로부터 신체를 방어한다. 또한, 백혈구는 감염과 싸우는 주요 세포로, 면역 반응에서 중요한 역할을 한다.

여덟째, 근골격계(Musculoskeletal System) 부분이다. 근골격계의 구성 요소로는 근육, 뼈, 관절, 인대, 힘줄 등이며, 기능은 신체의 지지, 움직임, 보호 기능을 담당한다. 뼈는 신체를 지지하고 중요한 장기를 보호하며, 근육은 수축과 이완을 통해 움직임을 만든다. 관절은 유연성을 제공하고, 인대와 힘줄은 관절과 근육을 연결한다. 골격은 신체의 구조를 형성하며, 골수는 혈액 세포를 생산하는 역할을 한다.

아홉째, 생식계(Reproductive System) 부분이다. 생식계의 구성 요소로는 남성(고환, 정관, 전립선), 여성(난소, 자궁, 나팔관, 질) 등이며, 기능은 생식 세포(정자와 난자)의 생산과 수정, 임신, 출산 등이다. 생식 호르몬은 2차 성징의 발현과 생식 기능을 조절한다. 특히 여성 생식계는 생리 주기와 임신을 조절하며, 남성 생식계는 정자의 생성과 배출을 기능한다.

열 번째, 피부계(Integumentary System) 부분이다. 피부계의 구성 요소는 피부, 모발, 손톱, 땀샘, 피지선 등이며, 신체의 외부를 보호하고, 체온 조절, 감각 수용, 노폐물 배출 등의 기능을 한다. 피부는 외부 환경으로부터 물리적, 화학적, 생물학적 보호 기능을 수행한다. 또한, 신체의 가장 큰 기관으로서 감각 수용체와 땀샘을 통해 온도와 습도를 조절한다.

인체의 각 운영체계는 독립적으로 기능하는 것처럼 보이지만, 실제로는 서로 밀접하게 상호작용을 통해 신체의 항상성과 건강을 유지하고 있다. 이처럼 인체 운영체계는 복잡한 상호 연계 시스템 속에서 각 체계의 기능이 최적화될 때 신체의 전반적인 건강과 생명 유지가 가능하다.

다음은 〈자기경영 헬스케어〉에서 말하는 인체 운영체계에 대해 살펴보자. 〈자기경영 헬스케어〉에서 말하는 인체 운영체계는 육체 에너지 충전을 위한 체계이다. 그리하여 육체 에너지 충전을 통한 건강한 육체를 바탕으로 창조력 발현을 돕는다. 인체는 중력의 영향을 받으며 몸 안에 흐르고 있는 미세전류를 통해 세포에 정보를 전달하며 소통하고 있다. 이러한 인체 운영체계는 '충전자세 ⋯▶ 충전표정 ⋯▶ 충전스피치 ⋯▶ 충전호흡 ⋯▶ 충전동작 ⋯▶ 충전체조' 등의 총 6단계의 과정으로 이루어져 있다. 그러한 반복 속에 육체적 에너지 충전이 효과적으로 이루어지며 활기·활력과 함께 원하는 생각과 감정에 대한 집중력이 향상된다. 다시 말해 원하는 꿈과 목표가 이미 현실로 실현되어있는 미래기억의 에너지장에 접속하기 위해서는 인체 에너지 충전을 통한 인체 전자기장의 활성화가 필수 조건이다.

이처럼 인체 운영체계를 통해 인체 에너지 충전이 활성화되면, 감성 뇌의 편도체가 안정화 되면서 이성 뇌의 전전두엽 기능이 활성화된다. 그러므로 인해 미래기억에 대한 집중력이 발달하게 되면서 원하는 것이 이루어진 상황에서만 가능한 표정과 호흡, 말과 행동이 자연스럽게 표현 및 습관으로 된다. 그렇게 점차 삶에 대한 자신감을 회복하고 점점 부정적 사고와 감정이 자연스럽게 긍정적으로 변화된다. 무엇보다 미래기억에 대한 집중력이 높아져서 그에 대한 확신과 자신감이 높아진다. 특히 인체운영 기술 중 눈을 질끈 감은 상태에서 고개와 시선의 각도를 각각 20도 정도 높여주는 방법은, 기도를 열어주고 더불어 자연스럽게 전전두엽 부위에 자극이 되어 목표에 대한 집중력과 고차적 실감을 느끼는 감각을 활성화한다. 또한, 손끝까지 기압을 뻗치는 기술은 온몸에 에너지가 고르게 충전 및 순환되게 하는 데에 매우 효과적이다. 그러한 상태에서 꿈과 목표가 실현되어있는 상황에 집중하면 아주 탁월한 효과가 발현된다. 육체적 에너지 충전이 된 상태에서 꿈과 목표에 집중하면 그 즉시 생생하게 꿈과 목표가 실현된 실감을 느낄 수 있기 때문이다. 스포츠 선수들이 하는 이미지 트레이닝도 이와 비슷한 원리이다. 원하는 꿈과 목표에 집중하여 이미 이루어져 있는 실감을 온몸으로 느낀다는 것은 자신의 꿈과 목표를 실현할 수 있는 에너지 기압을 양자장으로부터 육체로 끌어들여서 충전시키는 것이라 할 수 있다.

인간의 뇌는 물질이면서 정신을 담은 유일한 기관이다. 정보가 입력되면 뇌 회로와 뇌 신경 시냅스가 활발하게 활성화된다. 그와 동시에 육체의 기능도 변화한다. 또한, 간단한 스트레칭과 움직임만으로도 뇌의 변화는 눈에 띄게 영향을 미친다. 스트레칭이나 근력 운동은 신체의 유연성 향상이나 혈액순환 개선, 근력 강화 등의 육체적인 효과뿐만 아니라 정신적 안정과 뇌 기능의 전반적인 활성화에 매우 중요한 영향력이 있다. 컴퓨터가 외부로부터 입력되는 정보들을 중앙연산장치 CPU에서 정보 처리하여 메모리와 하드디스크에 저장하는 것처럼, 인간도 오감을 통해 인지된 정보가 신경과 감각 필터를 통해 뇌에 입력된다. 즉, 신경계의 언어 작용을 통해 뇌에서 정보처리 및 정보저장이 된다. 그렇게 축적된 정보가 다시 표정과 말, 호흡과 자세, 동작과 몸짓 등의 언어 정보로서 표현 및 출력이 되는 것이다.

우리는 평소 생각과 말 그리고 표정과 행동 등이 우리의 감정과 건강에 어떤 영향을 미치는지 체감하지 못한 채 살아가곤 한다. 간단한 오링(O-Ring) 테스트만으로도 그에 따른 영향력을 금방 확인해 볼 수가 있다. 한 손을 가슴 한가운데에 댄 채로 다른 손은 오링테스트 자세를 취하고 정신을 모아서 평소 사랑하는 사람을 마음속으로 느끼며 편안한 호흡을 한 후 오링테스트를 해본다. 그럼 분명 평소보다 힘이 강해지는 것을 경험할 수 있을 것이다. 반면 무표정 또는 어두운 표정과 바르지 못한 자세 등을 취하고 오링테스트를 해보면 힘이 빠져 있는 것을 누구든지 경험하게 된다.

이처럼 인체 운영체계를 통해 육체를 건강하게 활성화해야 하는 이유는, 정신적 건강을 실현하여 창조력을 발현하기 위해서이다. 아울러 생각이 육체에 미치는 영향력 또한 얼마나 큰지도 우리는 알고 있다. 그렇기에 생각과 육체를 균형 있게 관리하여서 균형 잡힌 심신통합 건강을 실현할 수 있는 심신통합 건강교육이 너무나 필요한 시점이다.

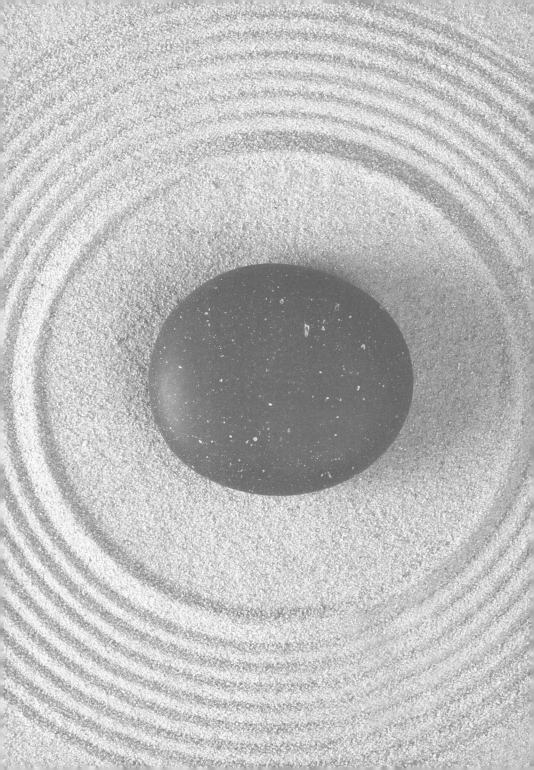

Chapter.6

창조력 발현을 돕는
사고 운영체계

1

삶의 목적은
상태의 성숙과 성장

'삶의 목적이 상태의 성숙과 성장'이라는 개념은, 삶을 개인의 내적인 성숙과 자기완성을 위해 살아가면서, 그 과정에서 정신적·정서적·지적·영적인 성숙 등을 균형 있게 실현해 나가는 것을 의미한다. 이는 단순히 외적인 성취나 물질적인 성공을 넘어, 내면의 깊이와 넓이를 확장하며 삶의 본질적인 의미를 추구하는 과정을 뜻한다. 이러한 개념은 여러 철학적, 심리학적, 영적 사상에서도 강조되고 있으며, 인간이 살아가면서 자신의 잠재력을 최대한 발휘하여 더욱 성숙한 존재로 성장하는 것을 최대의 목표로 삼는다는 의미이다. 다음은 '상태의 성숙과 성장'에 대한 주요 개념들에 대해서 살펴보자.

첫째, 자아 인식(Self-awareness) 부분이다. 상태의 성숙은 자아 인식에서 시작된다. 자아 인식은 자신이 누구인지, 어떤 가치를 가지고 존재하고 있는지, 자기의 생각과 감정이 어떻게 형성되어 있는지 등을 이해하는 과정이다. 자아 인식을 통해 개인은 자신의 장점과 약점, 두려움과 욕망 등을 파악하게 되며, 이로 인해 자신의 삶을 보다 의도적이고 목적 있게 이끌어 나갈 수 있다. 이는 자신의 행동 패턴, 감정적 반응, 믿음 체계 등을 스스로 명확히 이해하고, 자신이 진정으로 원하는 것이 무엇인지를 발견하는 데 중요한 역할을 한다.

둘째, 정신적 성장(Mental Growth) 부분이다. 정신적 성장은 지적 능력의 확장과 깊은 사고를 통해 이루어진다. 이는 단순히 지식을 쌓는 것을 넘어서, 비판적 사고, 창의적 문제 해결 그리고 복잡한 개념을 이해하는 능력을 두루 포함한다. 열린 마음으로 새로운 아이디어와 관점을 받아들이고, 기존의 믿음을 재평가하며, 지혜를 쌓는 것이 중요하다. 이는 학습과 경험을 통해 지속적으로 발전할 수 있는 과정이다. 또한, 인간이 세상을 이해하는 방식을 확장하고, 더 깊은 의미와 목적을 추구하게 한다.

셋째, 정서적 성숙(Emotional Maturity) 부분이다. 정서적 성숙은 자신의 감정을 인식하고, 이해하며, 적절하게 표현하고 조절하는 능력을 말한다. 이는 타인의 감정을 이해하고 공감하는 능력과도 깊이 연결되어 있다. 또한, 건강한 관계를 유지하고, 갈등 상황에서 평정심을 유지하며, 어려운 상황에서 긍정적인 태도를 유지하는 데 도움을 준다. 자신의 감정을 성찰하고, 타인과의 관계 속에서 감정을 효과적으로 소통하며, 감정적 통제력을 향상시키는 것이 정서적 성숙의 핵심이다.

넷째, 영적 성장(Spiritual Growth) 부분이다. 영적 성장은 삶의 궁극적인 의미와 목적을 탐구하는 과정이다. 이는 종교적인 신념뿐만 아니라, 내적 평화, 감사, 자비, 사랑 등의 가치를 탐구하고 실천하는 것을 포함한다. 이러한 영적 성장은 자기 초월(self-transcendence)을 목표로 하며, 자신의 이익을 넘어서는 삶의 목적을 추구하게 한다. 이는 명상, 기도, 봉사 활동 등을 통해 이루어질 수 있다. 이러한 성장은 자기 자신과 타인, 더 나아가 우주와의 깊은 연결감을 느끼게 하며, 삶의 모든 순간에 의미를 부여한다.

다섯째, 윤리적 성숙(Ethical Maturity) 부분이다. 윤리적 성숙은 개인이 자신의 행동이 미치는 영향을 인식하고, 도덕적이고 윤리적인 결정을 내릴 수 있는 능력을 말한다. 이는 자기 자신의 이익뿐 아니라, 타인과 사회에 대한 책임을 고려하게 되는 것이다. 이러한 윤리적 성숙은 자신의 가치관과 원칙을 명확히 하고, 그것에 따라 일관되게 행동하는 것을 포함한다. 이는 정의, 공정성, 정직, 타인에 대한 존중 등의 윤리적 가치를 실천하는 것을 의미한다. 이처럼 개인은 윤리적 딜레마를 직면했을 때, 신념과 원칙을 바탕으로 올바른 결정을 내릴 수 있어야 한다.

여섯째, 사회적 성숙(Social Maturity) 부분이다. 사회적 성숙은 개인이 사회적 환경 속에서 자신을 어떻게 인식하고 행동하는지를 포함한다. 이는 사회적 상호 작용에서 타인의 관점을 이해하고 존중하며, 건설적이고 의미 있는 관계를 형성하는 능력을 의미한다. 팀워크, 리더십, 갈등 해결 능력 등이 사회적 성숙에 있어서 중요한 요소이며, 이는 타인과의 긍정적이고 협력적인 관계를 구축하는 데 기여한다. 이러한 사회적 성숙은 단순히 자신을 위한 것이 아니라, 더 큰 사회적 맥락 속에서 공동체와 조화를 이루고 기여할 수 있는 능력을 포함한다.

다음은 이러한 '상태의 성숙과 성장'을 위해 조금 더 구체적으로 접근하여 살펴보자.

첫째, 지속적인 자기 성찰(Self-reflection) 부분이다. 자기 성찰은 자기의 생각, 감정, 행동 등을 주기적으로 검토하고 평가하는 과정이다. 이는 일기를 쓰거나 명상, 심리 상담 등을 통해 이루어질 수 있다. 자기 성찰을 통해 개인은 자신의 성장 영역을 파악하고, 변화와 개선을 위한 구체적인 계획을 세울 수 있다.

둘째, 학습과 경험의 축적(Learning and Experience) 부분이다. 새로운 경험과 지속적인 학습은 상태의 성숙과 성장에 필수이다. 독서, 강연, 워크숍, 여행 등을 통해 지식과 관점을 넓힐 수 있다. 경험을 통해 얻은 지식은 실제 상황에서의 적용을 통해 내면화되고, 더 깊은 수준의 이해와 성숙을 이끌어 준다.

셋째, 타인과의 상호 작용(Interaction with Others) 부분이다. 타인과의 의미 있는 상호 작용은 정서적, 사회적 성숙을 촉진한다. 이는 친구, 가족, 동료 등과의 관계에서 갈등을 해결하고, 서로의 감정과 생각을 이해하며 성장하는 과정이다. 또한, 멘토와의 관계를 통해 지혜를 얻고, 후배를 지도하며 자신도 함께 성장할 수 있다.

넷째, 목적 중심의 생활(Living with Purpose) 부분이다. 자신의 삶에 명확한 목적을 부여하고, 그 목적을 향해 일관되게 행동하는 것이 중요하다. 이는 개인의 가치관과 일치하는 삶의 목표를 설정하고, 그 목표를 실현하기 위해 노력하는 것을 의미한다. 목적 중심의 생활은 어려움 속에서도 동기 부여와 인내를 가능하게 하며, 내적 만족과 성취감을 제공한다.

다섯째, 균형 잡힌 삶(Balanced Life) 부분이다. 성숙과 성장은 다양한 삶의 영역에서 균형을 이루는 것을 포함한다. 이는 일, 가족, 친구, 자기계발, 건강, 여가 활동 등 모든 면에서 조화를 이루는 삶을 말한다. 이러한 균형은 스트레스를 줄이고, 삶의 전반적인 만족도를 높이며, 지속 가능한 성장을 가능하게 한다.

결론적으로 보면, '상태의 성숙과 성장'이라는 개념은 삶을 바라보는 깊이 있는 철학적, 심리학적, 영적 접근법이다. 이는 단순한 외적 성취를 넘어, 자기 이해와 수용, 내적 평화와 행복, 사회적 기여와 공감 등을 통한 궁극적인 자기실현을 목표로 한다. 이러한 과정은 일생에 걸쳐 지속적으로 이루어지며, 이를 통해 우리는 더욱 성숙하고 의미 있는 삶을 살아갈 수 있다.

〈자기경영 헬스케어〉에서 강조하는 삶의 목적 역시, '상태의 성숙과 성장'이다. 이처럼 삶의 목적을 명확히 자각한 후 그에 따른 꿈과 목표에 집중할 때 비로소 삶에 대한 집중력은 극대화된다. 그러기 위해서 꼭 필요한 삶의 자세가 바로, 자신에게 주어지는 모든 경험을 중요하고 소중하고 감사하고 행복하게 흡수하는 것이다. 우리가 평소에 음식을 편식하면 영양 섭취에 불균형이 생기듯이, 살면서 불평, 불만으로 자신에게 주어지는 상황을 적극적으로 흡수하지 못하면, 그만큼 자신의 꿈과 목표를 실현하는 데에 부족함과 어려움을 겪게 된다. "정신이 육체를 이끈다.", "생각한 대로 된다.", "감사한 일이 생겨서 감사한 것이 아니라 감사하다 보니 감사한 일이 생긴다." 등의 진리처럼 인간의 생각은 몸과 마음뿐 아니라 모든 상황에 대해 절대적인 영향을 미친다.

이같이 우리는 일상에 대해서 불평, 불만을 가지고 스스로가 불행하다고 느낄 때가 있다. 그런 경우의 대부분은 미래에 대한 불안감으로 인해 현실에 대한 중요함과 소중함, 감사함과 행복감을 잠시 놓친 경우이다. 그럴 땐 속히 자신의 미래기억에 대한 확신을 다시 회복하고, 일상에서의 중요함과 소중함, 감사함과 행복함을 스스로 회복시켜야 한다. 왜냐하면, 우리가 살아가면서 행복을 느낄 수 있는 가장 핵심 원동력이 바로 모든 것은 '중·소·감·행'하다는 개념과 인식이기 때문이다. 그래서 이제는 이러한 개념을 품고 사는 것이 삶의 기본자세여야 하는 것이다. 그리고 그것이 바로 삶 속에서 자신이 얼마나 성숙하고 성장하였는지를 체크할 수 있는 기준 척도인 것이다.

2

명확한
삶의 목표 구축

　명확한 삶의 목표를 확립하는 것은 개인적 삶의 방향성을 설정하고, 일관된 행동과 결정을 내릴 수 있게 하며, 궁극적으로는 내적 만족과 성취감을 제공하는 중요한 과정이라 할 수 있다. 이같이 명확한 삶의 목표는 삶의 다양한 영역에서 집중력과 동기부여를 촉진하고, 성장을 위한 구체적인 길을 제시한다. 이러한 삶의 목표를 명확하게 확립하는 것에 대한 중요성을 살펴보면 다음과 같다.

　첫째, 명확한 삶의 목표는 개인에게 삶의 방향성을 제공한다. 이를 통해 우선순위를 정하고, 중요한 결정에 있어 기준을 세울 수 있다. 목표가 명확할수록 어떤 선택이 자신에게 더 적합한지 판단하기 쉬워지고, 혼란이나 방황을 줄일 수 있다.

둘째, 명확한 삶의 목표는 동기 부여의 원천이 된다. 목표를 설정하면 그 목표를 달성하기 위해 노력할 이유와 의지를 가질 수 있다. 그러한 목표가 구체적이고 현실적일수록, 집중력은 높아지고 장애물이나 어려움이 닥쳤을 때도 지속하여 나아가는 힘이 발현된다.

셋째, 명확한 삶의 목표는 자신이 현재 상태에서 성장하기 위해 무엇을 해야 하는지를 명확히 알려준다. 이는 자기계발의 방향을 설정하고, 필요한 기술과 지식을 습득하도록 동기를 부여한다. 그뿐 아니라 목표를 이루기 위한 과정에서 스스로 도전하고, 성장하는 기회도 만들어 준다.

넷째, 명확한 삶의 목표는 다양한 선택의 순간에서 무엇이 더 나은지 쉽게 판단할 수 있게 한다. 이는 불필요한 고민과 갈등을 줄이고, 결정의 명확성과 자신감을 높인다. 또한, 목표를 기준으로 의사결정을 내림으로써 일관된 삶을 살아갈 수 있게 된다.

이처럼 삶의 목적과 그에 따른 삶의 목표가 명확히 확립되면 삶에 대한 집중력과 창조력이 극대화된다. 그리하여 삶 속에서 매 순간 주어지고 있는 모든 상황이 자신의 성숙과 성장을 위해 너무나 중요하고 소중하고 감사하고 행복한 경험이자 기회임을 스스로 인식하게 된다. 그러므로 인해 자신의 꿈과 목표가 이미 현실로 실현되어있는 고차적 현실에 대한 집중력이 증진되고 더불어 현차적 현실에 대한 소중함과 감사함을 인식하는 감각이 향상된다.

이러한 과정을 반복함으로써 자기의 생각과 감정과 육체를 자신의 의지대로 조절하고 운영하는 역량이 향상된다. 그리하여 현차적 현실과 고차적 현실을 넘나들며 집중하고 사고하는 사고력이 발전하게 되며, 그때 꼭 필요한 부분이 바로 '명확한 삶의 목표'인 것이다. 마치 어딘가를 찾아가고자 할 때 정확한 주소가 필요하듯이 말이다. 그로 인해 고차적 현실에 있는 꿈과 목표가 현차적 현실로 다운로드 되고, 그로 인해 꿈과 목표가 현차적 현실에 실현되는 것이다. 이제 이러한 인문과학 기반, 삶의 운영기술 교육 〈자기경영 헬스케어〉가 자기계발 교육 분야를 통해 대중들에게 다가가고 있는 현시점이다.

　　이처럼 명확한 삶의 목표 확립은 개인이 삶에서 방향을 찾고, 성장과 발전을 지속할 수 있도록 하는 중요한 과정이다. 이를 통해 우리는 삶의 불확실성 속에서도 일관되게 나아가는 힘을 스스로 얻고, 궁극적으로 더욱 충만하고 만족스러운 삶을 실현해 나갈 수 있다.

3

리더십 사고
운영체계 구축

리더십(Leadership)은, 개인이나 조직이 목표를 달성하기 위해 타인을 이끌고, 동기 부여하고, 영향을 미치는 과정이다. 효과적인 리더십은 조직의 성공에 중요한 요소로 작용하며, 리더는 팀원들이 잠재력을 최대한 발휘할 수 있도록 도와주고, 긍정적인 조직 문화를 조성하며, 변화와 혁신을 주도하는 역할을 한다. 이러한 리더십의 주요 요소를 살펴보면,

첫째, 비전과 목표 설정 부분이다. 효과적인 리더는 명확한 비전과 목표를 설정하고, 이를 팀원들과 공유하여 조직 전체가 같은 방향으로 나아가도록 한다. 비전은 조직의 장기적인 방향성을 제시하며, 목표는 이를 실현하기 위한 구체적인 단계들을 제공한다.

둘째, 동기 부여와 영감 제공 부분이다. 리더는 팀원들에게

동기를 부여하고 영감을 줄 수 있어야 한다. 이는 개인의 강점을 인식하고 이를 강화하며, 팀원들이 도전과제에 직면했을 때 긍정적이고 적극적인 자세를 유지하도록 도와준다.

셋째, 의사소통과 피드백 제공 부분이다. 효과적인 의사소통은 리더십의 핵심이다. 리더는 명확하고 일관성 있는 메시지를 전달하고, 팀원들의 의견을 경청하며, 건설적인 피드백을 제공해야 팀의 성과를 향상시킬 수 있다.

넷째, 의사결정과 문제 해결 부분이다. 리더는 복잡한 상황에서 결정을 내릴 수 있는 능력을 갖추고 있어야 한다. 이는 종종 불완전한 정보나 상충되는 이해관계 속에서 이루어져야 하며, 분석적 사고, 창의적 문제 해결 능력, 윤리적 판단이 필요하다.

다섯째, 책임감과 신뢰 구축 부분이다. 리더는 자신과 팀의 행동에 책임을 지고, 신뢰를 구축하는 데 중점을 둔다. 신뢰는 팀 내 협력과 효과적인 실행을 촉진하며, 리더의 일관된 행동과 약속을 지키는 자세에서 비롯된다.

여섯째, 팀워크와 협력 부분이다. 팀의 협력을 촉진하고, 구성원 간의 시너지를 창출하는 것도 중요한 리더십의 요소이다. 리더는 팀원들 간의 갈등을 중재하고, 협력적인 작업 환경을 조성해야 한다.

일곱째, 변화 관리와 혁신 부분이다. 현대의 조직 환경은 빠르게 변화하고 있다. 리더는 변화 관리의 중요성을 이해하고, 이를 효과적으로 이끌어 나갈 수 있는 능력을 갖추어야 한다. 이는 변화에 대한 저항을 관리하고, 혁신적인 아이디어와 실행을 장려하는 것을 포함한다.

데일카네기는 일반적으로 리더십 파워가 과연 어디에서 나오는지, 그리고 사람들은 어떤 리더들을 더 많이 따르게 되고, 어떠한 리더들이 조직에 큰 영향력을 행사할 수 있는지를 연구하였고, 다음과 같이 '5가지의 리더십 파워'를 정의하였다.

첫 번째, 포지션 파워이다. 말 그대로 어떤 직책을 맡고 있으니까 자연스럽게 나오는 힘이다. 보통 조직에서도 어떤 포지션이 있는 사람은 그 사람의 능력 여부를 떠나서 어느 정도는 그 사람의 말을 당연히 들을 수밖에 없게 하는 포지션 자체에서 나오는 파워가 있다.

두 번째, 전문성 파워이다. 조직에서 그 방면에 가장 전문성을 가지고 있는 사람이 가장 해당 분야에서는 큰 목소리를 내기 마련이다. 그 때문에 리더는 해당 분야에 대한 전문성을 갖추는 것도 매우 중요하다. 하지만 전문성 파워 부분에서 고려해야 할 점은 바로 일을 잘한다고 해서 반드시 관리를 잘한다고 볼 수는 없다는 것이다. 하지만 흔히들 일상에서는 어떤 일을 특정하게 잘하는 사람이 그 팀에서 제일 목소리가 크다는 인식은 보편적이다.

세 번째, 보상 파워이다. 보상을 줄 수 있는 권한이 있는 사람에게서 발현되는 힘이다. 예를 들어, 돈 주는 사람, 승진에 영향을 줄 수 있는 사람, 어떠한 지원 혜택의 결정권을 가지고 있는 사람 등이 의사결정에 있어서 제일 큰 영향력을 가지게 되며, 대부분은 그 사람의 말을 듣게 되는 경향이 있다.

네 번째, 강제성 파워이다. 보상 파워와 반대되는 벌을 줄 수 있는 힘과 권한을 가진 사람에게서 발현되는 힘이다.

다섯 번째, 롤 모델 파워이다. 한 마디로, 그 사람이기 때문에 사람들이 말을 듣는 경우이다. 그 사람의 인격이라든가, 그 사람과의 관계라든가, 그 사람이 보여주는 신뢰라든가, 존경받을 만한 사람이라든가, 이런 면에서 그 사람에게서 발현되는 힘이다. 어떻게 보면 공식적인 지위가 아닐지 몰라도 롤 모델 파워가 가장 강력한 리더십 파워일 수도 있다.

이러한 리더십도 좀 더 세부적인 주요 스타일이 존재한다. 리더십 스타일은 리더가 팀을 이끌고 목표를 달성하기 위해 사용하는 접근 방식을 의미한다. 이러한 리더십 스타일은 상황과 조직의 특성에 따라 달라질 수 있으며, 대표적인 리더십 스타일을 살펴보면 다음과 같다.

첫째, 변혁적 리더십(Transformational Leadership)이다. 변혁적 리더는 팀원들에게 영감을 주고 동기를 부여하여, 이들이 자신의 한계를 넘어설 수 있도록 도와준다. 변혁적 리더는 비전 제시, 혁신 촉진, 개인적 성장 지원을 통해 팀을 변화시키는 역할을 한다. 이를 위한 주요 요소로는 카리스마, 영감적 동기부여, 지적 자극, 개인화된 배려 등이다.

둘째, 거래적 리더십(Transactional Leadership)이다. 거래적 리더

는 보상과 처벌을 통해 팀원들의 성과를 관리하고, 명확한 목표와 기대치를 설정하여 이를 달성하도록 유도한다. 주로 규칙과 절차를 강조하며, 효율성과 성과를 중시한다. 이를 위한 주요 요소로는 명확한 목표 설정, 성과 평가, 보상 및 처벌 등이다.

셋째, 카리스마적 리더십(Charismatic Leadership)이다. 카리스마적 리더는 강한 비전과 매력으로 팀원들을 끌어들이며, 개인적 권위와 감정적 호소를 통해 사람들을 움직인다. 이 스타일은 특히 위기 상황에서 강력한 영향력을 발휘할 수 있다. 이를 위한 주요 요소로는 비전, 감정적 호소, 강력한 의사소통 등이다.

넷째, 서번트 리더십(Servant Leadership)이다. 서번트 리더는 먼저 섬기는 자세로 팀원들을 지원하고, 그들의 성장과 복지를 우선시한다. 이 스타일은 공동체적 사고와 윤리적 행동을 중시하며, 팀의 장기적인 성공에 초점을 맞춘다. 이를 위한 주요 요소로는 공동체 의식, 팀원 성장 지원, 윤리적 행동 등이다.

다섯째, 상황적 리더십(Situational Leadership)이다. 상황적 리더십은 상황에 따라 리더십 스타일을 조정하는 것을 말한다. 리더는 팀의 필요와 환경에 따라 지시적, 코칭적, 지원적, 위임적 리더십을 번갈아 사용한다. 이를 위한 주요 요소로는 유연성, 상황 평가 능력, 리더십 스타일의 조화 등이다.

여섯째, 민주적 리더십(Democratic Leadership)이다. 민주적 리더는 팀원들의 의견을 경청하고, 의사결정 과정에 팀원들을 참여시킨다. 이는 팀원들의 자율성과 참여도를 높이며, 창의적이고 협력적인 환경을 조성한다. 이를 위한 주요 요소로는 참여적 의사결정, 팀워크 촉진, 개방적 의사소통 등이다.

일곱째, 독재적 리더십(Autocratic Leadership)이다. 독재적 리더는 의사결정을 중앙 집중적으로 내리고, 팀원들에게 지시를 내리는 방식으로 팀을 이끈다. 빠른 결정이 필요한 위기 상황에서는 효과적일 수 있지만, 팀원들의 창의성이나 자율성을 저해할 수 있다. 이를 위한 주요 요소로는 강한 통제력, 신속한 의사결정, 명확한 지시 등이다.

이러한 리더십은 타고나는 능력보다는 개발될 수 있는 역량으로, 이를 위해 다양한 교육과 훈련이 필요하다. 리더십 개발은 개인과 조직 모두에게 중요한데, 이는 리더십 역량이 팀의 성과와 조직의 성공에 큰 영향을 미치기 때문이다. 리더십은 단순히 권한을 부여받는 것이 아니라, 신뢰와 존중을 바탕으로 다른 사람들에게 긍정적인 영향을 미치는 능력이다. 이처럼 〈자기경영 헬스케어〉에서는 효과적인 리더십을 통해 목표를 더 효율적으로 달성하고, 구성원들의 잠재력을 최대한 발휘할 수 있도록 돕는다.

4
돕는다는 마인드로
잠재력 발현

　"돕는다는 마인드에서 발현되는 잠재력"은 다른 사람을 돕고자 하는 마음가짐이 개인과 공동체의 성장을 촉진하고, 내적 잠재력을 극대화하는 데 중요한 역할을 한다는 개념이다. 이러한 마인드는 단순히 누군가에게 도움을 제공하는 행위를 넘어서, 삶의 철학과 태도로서 자신과 타인의 성장을 동시에 돕는 강력한 도구가 될 수 있다. 다음은 그러한 마인드에 대한 본질과 중요성에 대해서 한 번 살펴보도록 하자.

　첫째, 이타심(Altruism)과 공감(Empathy)에 대한 부분이다. 돕는다는 마인드는 이타심과 공감에서 출발한다. 이는 타인의 고통을 이해하고 그들의 필요를 진심으로 고려하며, 그들을 위해 행동하려는 마음가짐을 의미한다. 이타심과 공감은 인간관계를 강화하고, 상호 이해와 신뢰를 쌓는 데 핵심적인 역할을 한다. 또한, 이타적인 행동은 사람들 간의 유대감을 높이고, 사회적 결속을 강화한다.

둘째, 내적 만족과 성취감 향상에 대한 부분이다. 타인을 돕는 행위는 개인에게 내적 만족과 성취감을 제공한다. 이는 외부의 인정이나 보상을 넘어서, 자신의 행동이 다른 사람에게 긍정적인 영향을 미쳤다는 자부심과 기쁨을 가져다준다. 이타적인 행동을 하는 사람들은 더 높은 수준의 행복감과 만족감을 경험하며, 이는 스트레스 감소와 정신적 건강 향상에도 기여한다.

셋째, 상호 호혜성과 연결의 힘에 대한 부분이다. 돕는다는 마인드는 상호 호혜성을 촉진한다. 이는 "내가 누군가를 돕고, 그들이 또 다른 사람을 돕는" 연쇄 반응을 일으켜 사회적 지원의 네트워크를 강화한다. 이처럼 상호 호혜적 관계는 위기 상황에서의 지원과 협력을 증진하고, 공동체 전체의 회복 탄력성을 높이는 데 기여한다.

다음은 돕는다는 마인드에서 발현되는 잠재력에 대한 부분에 관해서 살펴보자.

첫째, 타인을 돕는 경험은 자신의 능력과 가치에 대한 인식을 강화하고, 심리적 탄력성을 키우는 데 도움을 준다. 이는 어려운 상황에서도 긍정적인 태도로 대처할 수 있는 능력을 의미한다. 이와 같은 행위는 자신의 문제를 객관적으로 바라보고, 스트레스를 줄이며, 회복력과 문제 해결 능력을 높이는 데 기여한다.

둘째, 돕는다는 마인드는 정서적 지능, 특히 공감 능력을 강화한다. 이는 타인의 감정을 이해하고 적절하게 반응하는 능력으로, 리더십과 대인관계에서 중요한 요소이다. 정서적 지능이 높은 사람은 갈등 상황에서 더 나은 조정자 역할을 하고, 더 효과적인 의사소통을 통해 긍정적인 관계를 유지할 수 있다.

셋째, 타인을 돕는 과정에서 개인은 자신의 능력과 가치를 재확인하게 된다. 이는 자신이 다른 사람에게 긍정적인 영향을 미칠 수 있다는 믿음을 강화하고, 자기 효능감을 높인다. 이러한 경험은 자존감을 향상시키고, 더 큰 도전과 목표를 향해 나아갈 수 있는 자신감을 제공한다.

넷째, 타인의 문제를 해결하거나 그들의 필요를 충족시키기 위해 돕는 과정에서, 창의적인 사고와 문제 해결 능력이 강화된다. 이는 다양한 상황에서 유연하게 사고하고, 새로운 접근 방식을 모색하게 만든다. 창의성은 협력적 환경에서 더욱 발현되며, 서로 다른 관점을 가진 사람들과의 상호작용을 통해 문제에 대한 다각적 접근을 가능하게 한다.

다섯째, 돕는다는 마인드는 리더십 발휘와 영향력 확대에 기여한다. 사람들은 자신을 진정으로 도와주고 관심을 가져주는 사람에게 자연스럽게 호감을 느끼고 신뢰를 쌓게 된다. 이는 자연스럽게 더 큰 영향력을 행사할 수 있는 기회를 제공하며, 협력과 조정이 중요한 상황에서 리더십을 발휘할 수 있는 토대를 마련한다.

여섯째, 돕는 행위는 개인의 성장뿐 아니라 공동체의 성장을 촉진한다. 사람들은 서로를 돕는 과정에서 신뢰와 유대감을 형성하고, 더 강한 커뮤니티를 구축할 수 있다. 이러한 커뮤니티는 사회적 자본(social capital)을 증진시키고, 위기 상황에서 더 효과적으로 대응할 수 있는 능력을 갖추게 한다.

이러한 돕는다는 마인드를 토대로 뇌과학에서는 아주 재미있는 실험이 진행되었다. 그건 바로 [그림 1]과 같이 평범한 여성 4명이 약 80kg 정도의 건강한 체구의 남성을 앉혀 놓고, 남성의 양쪽 겨드랑이와 무릎에 여성들의 양쪽 검지손가락만 넣어서 남성을 번쩍 들어 올리게 하는 실험이었다.

보통 일반적인 상태에서는 아무리 시도를 해도 실험 참가 여성 4명은 남성을 전혀 들지 못하였다. 그런데 "돕겠다."라는 말을 몇 번 하고 시도하였더니 [그림 2]처럼 실험 여성 4명은 남성을 아주 가볍게 번쩍 들어 올렸다. 그런데 이후 곧이어 "받겠다."라는 말을 몇 번 하고 들기를 시도하였더니 또, 다시 참가자들은 남성을 전혀 들지 못하였다.

[그림 1] 돕고자 하는 사고회로에서 실험 준비

이 실험에서 주목할 점중 하나는 바로 참가 여성들이 남성을 들어 올린 경우는, 참가자들 전원이 남성에 대해 무척 가볍다는 느낌을 느낀다는 점이다. 반면 들어 올리지 못한 경우는, 참가자들 전원이 남성에 대해 무척 무거움을 느낀다는 것이다. 그렇다면 왜 이와 같은 차이가 실험에서 나타나는 것일까? 그에 대한 원인이 과연 무엇일까?

[그림 2] 돕고자 하는 사고회로에서 실험 결과

이러한 실험을 통해 우리가 알 수 있는 사실은 바로, 우리의 뇌가 '받고자 하는 사고'일 때보다 '돕고자 하는 사고'일 때 매우 놀라운 잠재적 기능을 발현한다는 점이다. 돕고자 하는 사고회로에서는 온몸에 강력한 활기·활력의 기능이 발현된다는 것을 알 수 있다. 이것이 바로 우리가 '받고자 하는 사고회로'가 아닌 '돕고자 하는 사고회로'로 사고를 전환해야 하는 이유이다. 현대인들 대부분은 '받고자 하는 사고회로'가 자신에게 이득이라는 잘못된 인식이 사회로부터 학습되어있다. 그러다 보니 '받고자 하는 사고'에 부합되지 않는 상황을 맞이하게 되면 상실감과 슬픔, 아쉬움과 서운함, 두려움과 분노, 좌절과 절망 등의 부정적 생각과 감정에 휩쓸리고 있다. 우리가 느끼는 부정적 감정의 대부분은 바로 이처럼 '받고자 하는 사고'에서 비롯된 욕구 불만이 원인이다. 즉, '받고자 하는 사고'에서는 의식과 감정이 평화롭지 못할 뿐 아니라 행복과 기쁨도 지극히 조건적이고 제한적이다. 반면 '돕고자 하는 사고'에서는 평화롭고 에너지가 충만한 상태가 된다.

이러한 이치 속에서 현대인들이 기억해야 할 사항은 바로, '돕고자 하는 사고'가 유지되기 위해서는 육체적 에너지 충전이 필수라는 점이다. 이것이 바로 육체적 에너지 충전을 철저히 강조하는 이유이다. 그와 함께 '돕고자 하는 사고'에서 가장 중요한 개념은 바로 '나는 나를 돕는다.'라는 부분이다. 즉, 하늘은 스스로 돕는 자를 돕는 법이기 때문이다. 이같이 "돕는다는 마인드에서 발현되는 잠재력"은 개인과 공동체의 성장, 심리적 탄력성 강화, 정서적 지능 향상, 자존감 증대, 창의성과 문제 해결 능력 촉진 등 다양한 차원에서 매우 강력한 영향을 미친다. 이러한 돕는다는 마인드는 단순한 행위가 아니라 삶의 철학이자 태도로, 이를 통해 우리는 자신과 타인의 삶에 긍정적인 변화를 만들어낼 수 있다. 따라서 돕는다는 마인드에서 발현되는 잠재력은 우리 자신과 사회 전체를 더욱 발전시키고 풍요롭게 하는 원동력이 된다.

5

원하는 상황을 성취할 수 있는
원하는 상태 구축

　"원하는 상황을 성취할 수 있는 원하는 상태 구축"은 목표를 이루기 위해 꼭 필요한 내적, 외적 상태를 계획하고 조성하는 것을 의미한다. 이는 단순히 목표를 설정하는 것에 그치지 않고, 목표 달성을 위한 최적의 심리적, 정서적, 신체적, 환경적 조건을 마련하는 과정을 포함한다. 원하는 상황을 성취하기 위해서는 명확한 목표 설정과 함께, 이를 뒷받침할 수 있는 준비된 상태를 갖추는 것이 핵심이다. 그러한 상태를 갖추기 위해서 우선 원하는 상태 구축에 대한 중요성에 관해 살펴보자.

　첫째, 목표 달성을 위한 준비와 기반 마련 부분이다. 원하는 상태를 구축하는 것은 목표 달성을 위한 기반을 마련하는 것이다. 아무리 목표가 명확하고 의욕이 강해도, 이를 성취하기 위한 적절한 상태와 환경이 준비되지 않으면 성과를 내기 어렵다. 준비된 상태는 목표를 향한 계획을 보다 효과적으로 실행할 수 있게 하며, 도전과 장애물을 극복하는 데 필요한 힘과 자원을 제공한다.

둘째, 지속적인 동기 부여와 집중력 유지 부분이다. 원하는 상태를 구축함으로써 동기 부여와 집중력을 지속적으로 유지할 수 있다. 준비된 상태는 목표를 향한 여정을 보다 명확하게 인식하게 하고, 그 과정에서의 작은 성과와 진전을 통해 지속적인 동기 부여를 가능하게 한다.

셋째, 효과적인 시간 관리와 에너지 활용 부분이다. 상태를 준비하고 관리하는 과정에서 개인은 자신의 시간과 에너지를 보다 효율적으로 사용할 수 있다. 준비되지 않은 상태에서는 불필요한 에너지 소모와 시간 낭비가 발생할 수 있으므로, 사전에 계획된 상태를 갖추는 것이 중요하다.

원하는 상태 구축을 위한 단계별 요건을 살펴보면, 다음과 같다.

첫째, 명확한 목표를 설정하는 것이다. 목표는 구체적이고 실현 가능해야 한다. 예를 들어, "더 건강해지고 싶다"라는 모호한 목표 대신, "6개월 안에 10kg 감량하고, 매일 30분씩 조깅을 한다"와 같은 구체적 목표를 설정한다.

둘째, 현재 상태를 정확히 평가하고, 현재 상태와 목표 상태 사이의 격차를 분석하는 것이 필요하다. 자신의 현재 능력, 자원, 시간, 건강 상태, 심리적 준비 상태 등을 분석하여 무엇이 부족하고 어떤 부분을 보완해야 하는지 명확히 파악한다.

결론적으로, "원하는 상황을 성취할 수 있는 원하는 상태 구축"은 목표 달성을 위해 필요한 모든 요소를 체계적으로 준비하고 관리하는 과정이다. 이를 통해 개인은 목표를 향한 여정을 보다 효과적으로 진행할 수 있으며, 잠재력을 최대한 발휘할 수 있다. 상태를 구축하는 것은 단순한 목표 설정 이상의 작업이며, 목표 달성을 위한 전반적인 전략과 준비 과정을 아우르는 중요한 과정이다.

〈자기경영 헬스케어〉에는 "원하는 상태가 되면 원하는 상황은 이루어진다."라는 캐치프레이즈가 있다. 사람들 대부분은 살아가면서 자신의 '상태'와 '상황' 중, 상황에 절대적인 관심을 두며 살아간다. 우리는 태어나고 자라면서 대다수 그렇게 학습되어 왔기 때문이다. 그러다 보니 살면서 자신이 원하는 상황이 오면 무척 기뻐하지만, 원하는 상황이 오지 않으면 무척 좌절하고 괴로워한다. 반면 그 과정에서 자신의 상태가 성숙하고 성장하는 부분에 대해서는 별로 관심을 크게 두지 않는 경우가 대부분이다. 오직 자신이 원하는 상황이 바람대로 되고 있는지 그렇지 않은지에만 관심이 치우쳐 있는 것이다.

혹여 자신이 원하던 상황이 이루어지지 않았어도, 그 과정을 통해 자신의 상태가 성숙하고 성장하였다면, 그 자체만으로도 만족하며 감사해 할 수 있어야 하는데 대부분은 그렇지 못하다. 종종 사람들에게 "힘든 것을 좋아하느냐?"라고 질문하면, 모두가 한결같이 "힘든 것을 좋아하지 않는다."라고 대답한다. 그때 같은 의미의 또 다른 표현으로 "스스로 필요한 힘이 자신에게 들어오는 것은 원하느냐?"라고 질문하면, 모두가 한결같이 "그렇다"라고 대답한다. 즉, '힘들다'라는 말은 바로 "힘이 들어온다."라는 의미이며, 고로 '힘든 것은 좋은 것'이라고 할 수 있다. 그 이유는 나에게 필요한 힘이 들어오는 것이기 때문이다.

실시간 급팽창하는 우주의 에너지 인플레이션에 따라, 인간에게도 매 순간 에너지 질량을 상승시킬 수 있도록 다양한 상황들이 우주에 의해 주어진다. 그러므로 인해 자신의 성숙과 성장에 도움이 되는 다양한 상황들이 일어나는 것이다. 그때 우리가 할 일은 매 순간 주어지는 모든 경험을 중요하고 소중하고 감사하고 행복하게 흡수하는 것이다. 그리하여 나의 영체에 필요한 성숙과 성장은 물론이고 육체의 활기·활력을 유지하는 것이다. 우리는 이 세상에 '상태'로 왔다가 결국은 다시 '상태'로 돌아간다. 다시 말해, '현차적 현실의 상황' 속으로 '고유한 상태'가 왔다가 삶 속에서 노력한 만큼의 '성숙하고 성장한 상태'로 때가 되면, 다시 자신이 왔던 차원계의 우주로 돌아가는 것이다. 즉, 우리의 본질은 바로 '상태' 그 자체이다.

반면 상황이란, 나의 상태를 그대로 비추어 주는 거울 같은 홀로그램이다. 내가 원하는 상황이 나에게 주어졌을 때, 그 상황을 지혜롭게 잘 운영할 수 있는 준비된 상태가 바로 내가 원하는 상태인 것이다. 만일 그러지 않고 무턱대고 원하는 상황을 취하려고 욕심만 낸다면 결코 원하는 상황은 주어지지 않을 뿐 아니라, 설령 취했다고 하더라도 그 상황을 잘 운영해 내지 못함으로 인해 오히려 자기 자신과 주변까지 곤혹스럽게 만들게 될 것이다. 그리고는 결국 자기가 원했던 상황도 다시 강제 반납되는 것이다. 즉, 자신이 얼마나 높게 성장했는지, 자신이 얼마나 깊게 성숙했는지 그리고 자신이 얼마나 넓게 사랑을 실천하였는지가 바로 자신의 상태에 대한 체크 기준인 것이다. 또한, 자신에게 주어지는 모든 상황에 대해 중요하고 소중하고 감사하고 행복함을 얼마나 깊게 인지하고 흡수하는지에 대한 역량이 바로 자신의 상태에 대한 평가 기준이다.

그 때문에 자신이 원하는 상황이 자신에게 주어졌을 때, 그 상황을 잘 운영할 수 있는 성숙하고 성장한 상태를 만드는 삶의 노력이 너무나 중요하다. 그러한 역량의 상태를 갖춘 만큼 자연스럽게 주변으로부터 인정, 존중, 신뢰, 존경 등을 받게 된다. 그런 만큼 세상에 대한 영향력을 스스로 갖추게 되는 것이다. 그와 함께 자연스럽게 물질적인 풍요도 함께 따라오는 것이 바로 우주의 법칙이고 진리이다. 따라서 반드시 원하는 상태가 먼저 되어야, 비로소 원하는 상황이 이루어지는 법이다. 그것이 순리이고 우주의 운영 법칙이다. 우리가 실질적으로 변화시킬 수 있는 영역은 바로 '자신의 상태'이지 '상황'이 아님을 명심해야 한다. 그러기 위해서는 반드시 인체 에너지가 늘 충만되어서 항상 활기·활력의 상태의 상태로 준비되어 있어야 한다.

6

경제를 경영하는
경제인 마인드 구축

경제를 경영하는 경제인으로서의 마인드를 구축하는 것은 성공적인 경영과 리더십을 위해 필수적이다. 경제인 마인드는 경제를 운영하면서 전략적 사고, 책임감, 혁신, 윤리 등을 고려하는 총체적 사고방식을 말한다. 다음은 경제인 마인드를 구축하는 데 있어서 필요한 요소들을 살펴보자.

첫째, 전략적 사고 부분이다. 경제인은 단기적인 눈앞의 이익에만 집중하지 않고, 장기적이고 폭넓은 관점에서 방향성을 설정할 수 있어야 한다. 복잡한 문제를 구조화하고 분석하여 해결책을 찾는 능력이 필요하다.

둘째, 위험 감수와 관리 부분이다. 환경은 항상 불확실성이 존재하기 때문에, 경제인은 늘 위험을 감수할 준비가 되어있어야 한다. 동시에, 위험을 최소화하고 기회를 극대화할 수 있어야 한다. 빠르게 변화하는 상황에서 신속하고 정확한 결정을 내릴 수 있는 능력이 중요하다. 이는 상황의 변화나 위기에서 안정적으로 이끌어 갈 수 있게 한다.

셋째, 윤리적 마인드와 사회적 책임 부분이다. 경제인은 모든 결정에서 윤리적 기준을 유지해야 한다. 이는 주변으로부터 장기적인 신뢰와 평판을 쌓는 데 중요한 역할을 한다.

넷째, 혁신과 창의성 부분이다. 경제인은 새로운 아이디어를 창출하고, 기존의 틀을 벗어난 혁신적 사고를 장려해야 한다. 변화는 불가피하며, 경제인은 변화에 민첩하게 대응하고, 이를 기회로 삼을 수 있는 유연성을 가져야 한다.

다섯째, 지속 가능한 성장과 환경적 책임 부분이다. 경제인은 장기적인 관점에서 지속 가능한 성장을 도모해야 한다. 이는 환경적 책임을 고려한 경제적 자원을 효율적으로 사용하는 능력을 포함한다.

여섯째, 인재 개발과 팀워크 부분이다. 경제인은 인재를 발굴하고 육성하는 데 중점을 두어야 한다. 인재는 인생의 중요한 자산이며, 그들의 성장과 발전이 자신의 성공을 좌우한다. 성공적인 경제인은 강력한 팀워크와 협업 문화를 조성하여, 함께하는 이들이 함께 목표를 달성할 수 있도록 한다.

일곱째, 열정과 헌신 부분이다. 경제인은 자신이 하는 일에 대해 열정적이고 헌신적이어야 한다. 이러한 태도는 다른 사람들에게도 긍정적인 영향을 미치며, 구체적인 목표를 설정하고 이를 달성하기 위해 끊임없이 노력하는 자세도 필요하다. 이는 비전과 일치하는 방향으로 개인과 팀을 이끄는 데 도움이 된다.

여덟째, 지속적인 학습과 자기계발 부분이다. 경제인은 빠르게 변화하는 경제 환경에서 최신 정보와 트렌드를 지속적으로 학습해야 한다. 이를 통해 변화에 대응하고, 새로운 기회를 창출할 수 있는 기반을 마련한다. 경제인은 자신의 강점과 약점을 객관적으로 평가하고, 지속적으로 개선하기 위해 노력해야 한다. 이는 리더로서의 성장을 촉진하고, 조직 내에서 긍정적인 변화를 주도할 수 있는 힘을 준다.

이와 같이 경제인 마인드는 다양한 요소를 바탕으로 형성된다. 성공적인 경제인이 되기 위해서는 전략적 사고, 윤리적 기준, 혁신적 마인드 그리고 사회적 책임감을 갖춘 균형 잡힌 사고 방식을 지속적으로 발전시켜 나가는 것이 중요하다.

〈자기경영 헬스케어〉에서 말하는 경제인이란, 삶의 목적이 자신의 성숙과 성장임을 명확히 알고, 주어진 육체, 인연, 여러 환경 등을 중요하고 소중하고 감사하고 행복하게 잘 운영하여 건강하고 행복하게 꿈과 목표를 실현하면서 경제를 추구하는 사람을 말한다. 여기서 말하는 경제란, 사람, 세상에 대한 영향력, 돈 등의 3가지가 모두 포함한 개념을 말한다. 그리하여 '수신제가치국평천하'의 원리처럼 삶을 실현해 나간다. 수신(修身)이란, 자신의 몸과 정신의 건강을 스스로 잘 도와 삶을 잘 경영하면서 꿈과 목표를 실현하는 것을 의미한다. 제가(齊家)란, 가족은 물론이고 만나는 인연들까지 그들의 수신을 잘 돕고 삶을 잘 경영하도록 자신이 솔선수범하며 돕는 것을 의미한다. 그러한 영향력이 점점 커지다 보면 자연스럽게 치국평천하(治國平天下)가 되어 사회와 국가, 나아가 지구촌 전체가 모두 건강한 생활문화가 구축되고 인류가 자신의 삶을 건강하게 잘 경영하는 것이 상식이 되도록 돕게 되는 것이다.

즉, 자신은 그저 성심을 다해 수신(修身)하고 제가(齊家)했을 뿐인데, 점점 그에 대한 선한 영향력이 확장되어서 어느덧 사회와 국가 그리고 세상을 돕고 있는 자신으로 입지가 자연스럽게 구축되는 것을 말한다. 진정한 성공적 삶으로 실현 가능한 '삶의 운영기술'인 것이다. 고로 이러한 삶에 대한 가능성을 몸소 삶을 통해 입증하며 삶을 실현하는 사람이 바로 경제인이다. 반면 경제를 추구하는 것이 아니라 오직 돈만을 추구하려는 장사꾼 마인드의 사람들도 상당수다. 그러한 장사꾼 마인드의 이들에게는 오직 돈을 벌기 위해서는 돈을 투자하는 방식만이 존재하며, 이들에게는 삶의 목적이 자신과 타인의 성숙과 성장이라는 삶의 이념이 존재하지 않는다. 그러다 보니 결국 그들은 돈을 벌기 위해 투자한 돈만큼 손실 보고 있는 경우가 상당수이다. 따라서, 지금의 시대는 자신에게 인연으로 주어지는 사람들의 성숙과 성장을 도우면서 사람과 세상에 대한 영향력, 돈 등을 구축하며 진정한 의미의 경제를 추구해야 하는 시대이다.

7

생각과 감정과 육체의 주인으로의
정체성 구축

"생각과 감정과 육체의 주인으로서의 정체성 구축"은 자기 자신을 깊이 이해하고 통제하는 능력을 개발하는 것을 의미한다. 이는 개인의 자아실현과 삶의 질을 향상시키는 데 있어 매우 중요한 요건이다. 이러한 정체성을 구축하는 데 있어서 매우 중요한 원칙과 실천 방법들에 대해서 한번 살펴보자.

첫째, 자기 인식(Self-Awareness) 부분이다. 자기의 생각, 감정, 행동 패턴을 명확하게 인식하는 것이 중요하다. 이를 통해 현재 자신이 어디에 있는지, 무엇이 자신의 삶을 주도하는지를 이해할 수 있다. 또한, 감정을 숨기거나 무시하지 않고, 자신의 감정을 있는 그대로 받아들이고 이해하려는 태도가 필요하다. 자신의 감정이 무엇에서 비롯되었는지, 어떻게 반응하고 있는지 파악하는 것이 매우 중요하다. 끝으로 자기의 생각을 관찰하고, 긍정적인 사고와 부정적인 사고의 차이를 인식하며, 자기의 생각이 어떻게 자신의 행동과 감정을 유도하는지 이해하는 것이 필요하다.

둘째, 자기 수용(Self-Acceptance) 부분이다. 자신의 단점과 약점뿐만 아니라 강점과 장점 등을 모두 받아들이는 것이 무척 중요하다. 자기 수용은 자기비판을 넘어서 자신을 있는 그대로 사랑하고 받아들이는 것을 의미한다. 또한, 실수나 실패를 했을 때 자기 자신에게 동정심을 갖고 부드럽게 대하는 태도 역시 꼭 필요하다. 이는 자기 존중감을 높이고, 더 나은 방향으로 나아가는 데 있어 큰 힘을 준다.

셋째, 정신적 자율성(Mental Autonomy) 부분이다. 외부의 정보나 사회적 압력에 휩쓸리지 않고, 스스로 판단하고 결정할 수 있는 비판적 사고 능력을 기르는 것이 중요하다. 또한, 긍정적인 생각과 태도를 유지하기 위한 의도적 노력이 꼭 필요하다. 이는 스트레스 상황에서도 자신을 지키고 성장하는 힘을 제공한다. 끝으로 명상, 호흡 조절, 심리적 훈련 등을 통해 현재에 집중하고, 분산된 생각을 정리하는 능력을 강화할 수 있다.

넷째, 감정적 자율성(Emotional Autonomy) 부분이다. 자신의 감정을 억누르거나 폭발시키지 않고, 건강하게 표현하고 관리할 수 있는 기술을 배우는 것이 중요하다. 이를 위해 명상, 일기 쓰기, 감정 조절 기법 등이 도움이 된다. 또한, 감정에 휘둘리지 않고, 감정과 행동을 분리하여 합리적으로 결정하는 능력을 기르는 것이 꼭 필요하다. 끝으로 다른 사람의 감정을 이해하고 공감할 수 있는 능력은, 자신과 타인과의 관계를 더 깊고 의미 있게 만들며, 아울러 자기 자신을 더 잘 이해하는 데도 도움이 된다.

다섯째, 육체적 자율성(Physical Autonomy) 부분이다. 자신의 신체를 이해하고 건강한 생활 습관을 유지하는 것이 매우 중요하다. 이를 위해 규칙적인 운동, 균형 잡힌 식단, 충분한 휴식 등이 필요하다. 또한, 자신의 신체적 상태와 필요한 것들에 대해 잘 이해하고, 이를 기반으로 건강을 유지하고 개선하는 것도 중요하다. 신체적 자기 인식은 정신적, 감정적 건강과도 깊은 연관이 있기 때문이다. 끝으로 요가, 충전 체조, 호흡 수련, 명상 등의 신체적 활동은 몸과 마음의 조화를 이루는 데 큰 도움이 된다. 이는 정신적 명료성과 감정적 안정성을 높이는 데 기여한다.

여섯째, 자기 통제력(Self-Discipline) 부분이다. 자기 삶의 방향성을 정하고, 구체적인 목표를 설정하여 이를 달성하기 위해 자기 규율을 스스로 강화하는 것이 필요하다. 그러한 규칙을 습관화하여 실천함으로써 자기 통제력을 강화할 수 있다. 예를 들어, 아침 루틴, 정기적인 운동, 일정한 시간에 일어나기 등은 자기 통제의 중요한 부분이다. 끝으로 순간의 유혹이나 충동에 대처하는 능력을 기르는 것 역시 매우 중요하다. 이는 장기적인 목표를 이루기 위한 중요한 자질이다.

일곱째, 영적 성장(Spiritual Growth) 부분이다. 명상, 기도, 철학적 성찰 등을 통해 내면의 평화를 찾고 자신과 더 깊은 연결을 맺을 수 있다. 그리하여 자신만의 가치관과 삶의 목적을 명확히 하고 그에 따른 삶을 살아가게 되는 것이다. 이는 정체성을 더 명확히 하고, 더 큰 만족감을 줄 수 있다.

여덟째, 계속적인 자기 계발(Continuous Self-Improvement) 부분이다. 꾸준한 자기반성을 통해 자기의 생각과 행동을 평가하고, 개선할 점을 찾아내는 노력이 필요하다. 더불어 끊임없는 학습과 성장을 추구하는 자세는 자신을 발전시키고, 더 나은 사람이 되기 위한 밑거름이 된다.

이처럼 생각과 감정과 육체의 주인으로서의 정체성 구축은 삶의 전반에 걸쳐 지속적으로 이루어지는 과정이다. 이를 통해 자기 자신을 스스로 더 잘 이해하고, 더 나은 선택을 하며, 궁극적으로 더 충만한 삶을 살아갈 수 있는 것이다.

그러기 위해서 〈자기경영 헬스케어〉에서 제시하는 '생각과 감정과 육체의 주인으로서의 정체성 구축'을 위한 훈련 방법과 그를 위해 알아야 할 기본 사항에 대해 살펴보자. 뇌는 기능적 역할에 따라 이성 뇌, 감성 뇌, 생명 뇌 등으로 나눈다. 이성 뇌는 인간의 생각을 관장하며, 감성 뇌는 느낌과 감정을 담당한다. 끝으로 생명 뇌는 생각하고 느낀 것을 실천하는 행동력을 주관한다. 고로 사람은 생각한 것을 느끼며, 결심하고 행동으로 실천한다. 그런데 현대인들은 생명 뇌인 뇌간의 기능이 많이 저하 되어 있다. 그러다 보니 생명 뇌에 의한 실행력이 많이 떨어진다. 현대인들 대부분은 바로 이 부분에 의해서 문제가 발생하게 된다.

즉, 이성 뇌의 생각과 감성 뇌의 의지대로 스스로가 잘 통제되지 않는 이유이다.

조용히 눈을 감고 자신에게 "나는 누구인가?"라는 질문을 던져 본다. 그런 후 다음의 세 가지 질문을 자신에게 던져 본다.

- 나의 생각은 나인가? 아니면 나의 것인가?
- 나의 감정은 나인가? 아니면 나의 것인가?
- 나의 육체는 나인가? 아니면 나의 것인가?

사람은 하루에도 약 7만에서 12만 가지의 생각을 하며 삶을 살아간다고 뇌과학에서는 말하고 있다. 즉, 우리는 매일 수많은 생각을 하며 살아간다는 의미이다. 그런데 그러한 생각들은 자신이 태어나기 이전부터 이미 유전자 속에 가지고 태어난 선천적 정보들과 삶 속에서 경험을 통해 학습된 후천적 정보들이 복합적으로 구성되어 있다. 따라서 우리는 선천적 정보들과 후천적 정보들이 융합된 정보 체계를 기반으로 매 순간 새롭게 경험하는 정보들을 흡수하고 그것을 융합하며 살아가는 것이다.

그런데 현대인들의 상당수는 "수많은 정보와 그로 인한 생각들이 나인가? 아니면 나의 것인가?"라는 질문 앞에서 "생각은 나 자신이 아니라 나의 것이다.", "고로 나는 생각의 주인이다."라는 자각과 그에 따른 답변을 선뜻 하기가 어렵다. 그뿐 아니라, "나의 감정은 내가 아니라 나의 것이다.", "고로 나는 감정의 주인이다."라는 개념도 마찬가지다. 또한, "나의 육체는 내가 아니라 나의 것이다.", "고로 나는 육체의 주인이다."라는 자각도 놓치며 살아왔다. 그건 당연히 평소에 그러한 부분에 대해서 생각을 거의 해볼 기회가 없었기 때문일 것이다. 감정은, 생각과 생각 사이에서 상호작용으로 일어나는 스파크 현상이라고 비유할 수 있다. 이처럼 육체는 그러한 감정의 상태를 그대로 표현하는 수단이라 볼 수 있다. 따라서 우리는 자신이 생각과 감정과 육체의 주인임을 자각하고, 그에 대한 정체성을 회복한 후 주인의식과 책임감 속에서 삶을 운영해야 할 때이다.

8

창조력을 발현하는
미래기억 사고체계 구축

창조력을 발현하는 미래기억 사고체계 구축은 창의적인 사고와
행동을 위해 과거와 현재를 넘어 미래를 미리 기억하는 것처럼 상
상하고 설계하는 능력을 개발하는 것을 의미한다. 이 사고체계는
기존의 경험에 얽매이지 않고, 미래의 가능성을 현실처럼 인식하고
행동하는 방법을 강조한다. 이는 개인의 창조력과 혁신적 사고를
극대화하여 더 나은 결과를 창출하는 데 중점을 둔다. 다음은 이
러한 미래기억 사고체계를 구축하기 위한 주요 원칙과 방법들에 대
해 살펴보자.

첫째, 미래지향적 사고와 비전 설정 부분이다. 다양한 미래의
가능성을 상상하고, 그 가능성에 따른 시나리오를 구체적으로 그
려보는 연습이 필요하다. 이를 통해 불확실한 미래에 대한 준비성
과 창조적 사고를 동시에 강화할 수 있다. 또한, 미래에 이루고자

하는 목표와 비전을 명확히 설정하고, 이를 시각적으로 표현하는 것이 중요하다. 이러한 비전은 창조적 사고의 방향성을 제공하며, 행동의 기준이 된다.

둘째, 미래기억 기법 활용 부분이다. 자신이 미래에 달성하고자 하는 목표를 현재 이루어진 것처럼 생생하게 시각화한다. 이는 시각적, 감각적 이미지를 통해 더 구체적이고 실감나게 다가오도록 해준다. 또한, 미래 일기 작성을 통해 마치 미래에 있는 자신이 현재를 회상하듯이 일기를 작성하도록 한다. 미래의 특정 시점에서 자신이 이미 목표를 달성했다고 가정하고, 그때의 느낌과 상황을 구체적으로 기술하는 것이다. 그와 함께 미래의 목표를 먼저 정한 후, 그 목표를 달성하기 위해 과거에서부터 현재까지 어떤 단계가 필요했는지를 역으로 계획해 나가는 방식도 매우 효과적이다. 이는 구체적인 실행 계획을 수립하는 데 아주 유용하다.

셋째, 창조적 사고를 위한 심리적 도구 개발 부분이다. 고정된 사고방식에서 벗어나 다양한 관점에서 문제를 바라보고, 새로운 방법으로 접근하는 심리적 유연성이 필요하다. 이를 위해 비판적 사고, 개방적 사고, 창의적 문제 해결 능력을 기르는 연습이 중요하다. 또한, 창의적인 아이디어를 떠올리면서도, 그 아이디어를 실행가능토록 하는 현실적 판단력을 유지하는 것 역시 필요하다. 이는 혁신을 가능하게 한다.

넷째, 미래기억을 현실로 만드는 행동 전략 부분이다. 미래에 대한 상상을 구체적인 행동으로 옮기기 위해 작은 시도와 실험을 반복한다. 이를 통해 아이디어의 실현 가능성을 점검하고, 창조적 아이디어를 실행으로 전환하는 능력을 키운다. 또한, 미래에 설정한 목표를 달성하기 위해 지속적으로 피드백을 수집하고, 이를 바탕으로 계획과 실행 방안을 수정 및 보완하는 과정도 꼭 필요하다.

다섯째, 몰입과 심리적 에너지 관리 부분이다. 몰입 상태(Flow State) 유지, 즉 창조적 사고를 극대화하기 위해 몰입 상태를 유지하는 것이 중요하다. 몰입 상태는 자신이 하는 일에 완전히 집중하고, 시간이 흐르는 것을 잊을 정도로 몰두하는 상태를 의미한다. 그와 함께 창조적인 사고와 행동을 지속하기 위해 자신의 에너지를 효율적으로 관리하는 것이 필요하다. 더불어 충분한 휴식, 명상, 신체 운동 등을 통해 에너지를 재충전하고 유지하는 것 역시 중요하다.

여섯째, 연속적 학습과 적응력 강화 부분이다. 새로운 지식과 정보를 지속적으로 학습하고, 이를 기존의 사고방식에 융합하여 새로운 아이디어를 생성하는 것이 중요하다. 그리하여 빠르게 변화하는 미래 환경에 맞춰 사고방식과 행동을 유연하게 조정할 수 있는 능력을 키우는 것이 필요하다. 그렇게 하면 불확실성 속에서도 창조적 해결책을 찾아내는 힘의 기반을 얻을 수 있다.

일곱째, 심층적 자기 이해와 자아 탐구 부분이다. 창조적인 사고를 위해서는 자신의 내면을 깊이 탐구하고, 자신의 욕구, 가치, 열정 등을 명확히 이해하는 것이 필요하다. 이는 내적 동기와 영감의 원천이 된다. 그리고 자신의 사고 패턴과 행동을 지속적으로 성찰하고, 발전시켜 나가는 과정이 매우 중요하다. 이를 통해 창조적 잠재력을 극대화할 수 있기 때문이다.

여덟째, 긍정적 마인드셋과 회복탄력성 개발 부분이다. 미래에 대한 긍정적인 비전과 태도를 유지하는 것은 창조적 사고에 필수이다. 이는 어려움 속에서도 희망을 품고 도전하는 힘을 준다. 그와 함께 실패와 도전 앞에서 다시 일어설 수 있는 회복탄력성을 기르는 것이 중요하다. 이는 끊임없는 창조적 시도를 가능하게 한다.

결론적으로, 창조력을 발현하는 미래기억 사고체계 구축은 기존의 경험을 넘어 새로운 미래를 창조하는 데 필요한 방법과 태도를 포괄한다. 이는 개인과 조직이 끊임없이 혁신하고, 변화하는 미래 환경에서 성공적으로 적응할 수 있는 중요한 역량을 키우게 해준다.

다음은 〈자기경영 헬스케어〉에서 강조하는 "창조력을 발현하는 미래기억 사고체계 구축"에 대한 개념과 그에 대한 안내를 살펴보자. 사람은 생각할 때, 반드시 기억을 기반으로 사고를 하게 된다. 우리가 흔히 기억이라 하면 과거에서 기반 되는 과거 기억을 보편적으로 생각한다. 하지만 이미 시대적인 흐름은 미래에서 기반하는 미래기억에 대한 중요성을 강조하고 있다. 그와 함께 미래기억에 기반한 사고 운영체계에 대한 중요성이 강조되고 있다. 그러므로 인해, 희망찬 미래기억에 입각한 사고력을 통한 확신 속에서 한계 없는 창조력을 발현할 수 있다.

우리는 항상 두 곳의 에너지장(Energy Field)에 접속하며 살아간다. 하나는 현차적 에너지장이며, 또 다른 하나는 미래기억의 고차적 에너지장이다. 현차적 에너지장이란 일상적인 현실을 의미하며, 미래기억의 고차적 에너지장은 나의 꿈과 목표가 이미 현실로 실현되어있는 에너지장을 의미한다. 이처럼 미래기억의 고차적 에너지장은 미래기억의 정보에너지를 현차적 에너지장으로 다운로드 시키는 구조적 관계이다.

사람들은 흔히 현차적 에너지장이 현실의 전부라고 착각하며 살아간다. 그 이유는 오감 위주로 보이고 만져지는 것만 인정하며 현차적 에너지장 속에 갇혀 살아가다 보니, 정작 미래기억의 고차적 에너지장에 접속하는 자체가 생소하기 때문이다. 이처럼 미래기억의 고차적 에너지장에 집중 및 접속하는 행위를 흔히 상상한다고 표현한다. 그와 같이 꿈과 목표가 이미 현실로 실현되어있는 상황에 집중하고 상상할 때, 육체는 미래기억의 고차적 정보에너지를 인체 전류에너지로 변환시킨 후 현차적 에너지장으로 다운로드 시키면서 현상으로 실현하게 된다. 이때 중요한 점은 미래기억의 고차적 정보에너지를 현차적 에너지장으로 다운로드시키기 위해서는, 육체적인 에너지 충전이 충분히 되어 활기·활력의 상태가 필수 조건이라는 것이다. 그것이 바로 〈자기경영 헬스케어〉에서 평소에 육체적 에너지 충전을 통해 육체를 건강하게 관리해야 함을 강조하는 이유이다.

9
갑과 을의 관계 법칙을 통한
대인관계 기술 구축

'갑과 을의 관계'는 한국 사회에서 상하 관계나 권력 관계를 설명할 때 자주 사용되는 개념이다. 여기서 '갑'은 주도적인 위치에 있는 사람을, '을'은 상대적으로 종속적이거나 약자의 위치에 있는 사람을 의미한다. 이 개념은 대인관계에서 갈등, 협상, 권력 동태 등을 이해하는 데 유용한 틀을 제공한다. 이를 통해 갑과 을의 관계 법칙을 통한 대인관계 기술 구축의 방법들을 한번 살펴보자.

첫째, 권력 동태 이해하기 부분이다. 갑과 을의 관계에서 가장 중요한 것은 권력의 동태이다. 상대방이 갑의 위치에 있다면, 그가 가진 권력의 종류와 이를 유지하거나 강화하려는 방법을 이해하는 것이 중요하다. 예를 들어, 직장 내 상사(갑)의 의사결정 스타일, 선호하는 소통 방식, 가치 등을 이해하면, '을'의 입장에서도 효과적으로 대응할 수 있다.

둘째, 상호 존중의 기반 마련하기 부분이다. 갑과 을의 관계가 상하 관계라는 인식을 넘어서려면 상호 존중이 중요하다. 대인관계에서 '을'의 입장이라도, 상대방의 의견을 존중하고, 자신의 의견도 분명하고 존중 있게 표현하는 태도가 필요하다. 이는 을이 갑과의 관계에서 더 나은 협상 위치를 확보하는 데 도움이 된다.

셋째, 협상 및 설득 기술 개발하기 부분이다. 협상과 설득은 갑과 을의 관계에서 매우 중요한 기술이다. 협상 과정에서 상대방의 필요와 욕구를 파악하고, 그들이 원하는 것을 제공함으로써 자신이 원하는 것을 얻는 방법을 찾는 것이 중요하다. 이를 위해서는 적극적인 경청, 타협 가능성 파악, 문제 해결 중심의 접근이 필요하다.

넷째, 감정 관리 및 공감 능력 키우기 부분이다. 대인관계에서 감정의 흐름을 이해하고 관리하는 것은 갈등을 최소화하고 신뢰를 구축하는 데 필수적이다. '을'의 입장에서도 '갑'의 입장과 감정을 읽고, 공감할 수 있는 능력을 갖추는 것이 관계를 발전시키는 데 매우 큰 도움이 된다. 이는 상대방의 신뢰를 얻고, 더 긍정적인 대화와 협상이 가능할 수 있도록 한다.

다섯째, 서로의 이익을 위한 윈-윈 전략 구축 부분이다. 갑과 을의 관계가 항상 제로섬 게임이 될 필요는 없다. 서로의 이익을 극대화할 수 있는 윈-윈 전략을 구축하는 것이 중요하다. 예를 들어, 직장 내 프로젝트를 수행할 때 상사(갑)의 기대에 부응하면서도 자신의 전문성을 발휘할 수 있는 방법을 모색하는 것이 좋은 예이다.

여섯째, 경계 설정 및 자기 주도성 유지하기 부분이다. '을'의 입장에서는 때론 갑의 요구가 지나칠 수 있다. 이때는 자신의 경계를 분명히 하고, 무리한 요구에 대해서는 적절히 대응할 수 있는 자기 주도성을 유지하는 것이 중요하다. 이는 자신을 보호하고, 장기적인 관계에서 존중받을 수 있는 토대를 마련하는 데 도움이 된다.

일곱째, 피드백을 통한 관계 개선 부분이다. 갑과 을의 관계에서 피드백은 매우 중요한 역할을 한다. 상대방에게 건설적인 피드백을 제공하고, 또한 피드백을 수용하는 능력을 기르는 것이 중요하다. 이를 통해 관계의 질을 높이고, 더 나은 협력 환경을 조성할 수 있다.

결론적으로, 갑과 을의 관계는 단순히 상하 관계나 권력 관계를 의미하는 것이 아니라, 대인관계의 복잡성을 이해하고 관리하는 데 있어 중요한 기틀을 제공한다. 이를 통해 상호 존중, 효과적인 소통, 협상 기술, 감정 관리 등을 바탕으로 건강하고 건설적인 관계를 구축할 수 있다.

다음은 〈자기경영 헬스케어〉에서 강조하는 갑과 을의 관계 법칙에 대해서 살펴보자. 우선 살펴볼 내용은 "수신제가 치국평천하(修身齊家 治國平天下)"라는 말이다. "자신의 몸과 정신의 상태를 건강하게 잘 돕는 수신(修身)을 하다 보니, 자신의 가족 및 만나는 인연들 역시 수신(修身)할 수 있도록 돕는 제가(齊家)를 하게 되며, 그러다 보니 그것이 점점 국가와 세상 전체의 화평을 돕는 치국평천하(治國平天下)로까지 발전해 나가는 결과가 된다는 의미이다. 고로 모든 이들은 예외 없이 자신의 몸과 정신을 건강하게 다스리는 것을 근본으로 삼아야 한다는 의미이다. 그에 대한 의미를 조금 더 깊게 들여다보면, '수신(修身)'이란 자신의 육체와 정신의 건강을 스스로 잘 돕게 됨으로서 자신을 넘어 가족과 국가와 인류까지도 잘 도울 수 있는 자신의 상태로 성장하게 되는 것을 의미한다. 다시 말해 인간 안에는 누구에게나 천지 부모의 마음과 사랑이 있으니, 그것을 스스로 자각하고 타인의 성숙과 성장을 돕는 자신이 될 수 있도록 노력해야 함을 의미하고 있다.

또한, 우주의 대자연은 천지 부모의 마음과 사랑으로 인류가 성숙하고 성장할 수 있도록 모든 기회를 공급하며 돕고 있다. 하지만 정작 인류의 대다수는 그러한 사실을 자각하지 못한 채, 자신들의 입장과 논리에만 빠져서 현실에서 주어지는 모든 상황이 자신의 성숙과 성장을 위해 얼마나 중요하고 소중하고 감사하고 행복한 우주의 배려이자 기회인지 알지 못한 채 수시로 불평, 불만 속에 빠져서 살아가고 있다. 그러다 보니 자신이 평소에 우주의 자연이라는 갑으로부터 얼마나 큰 배려와 도움을 받고 있는지 전혀 알지 못한 채 살아가고 있다. 그 말은 인간은 기본적으로 누구나 우주의 대자연 앞에서는 을이라는 것이다. 이러한 구조와 입장을 알고 삶을 살아가다 보면, 누구나 자신이 '갑'일 때와 '을'일 때가 있음을 알게 된다. 갑이란, 타인에게 도움을 주는 존재이며, 을은 타인에게 도움을 받는 존재이다. 우리가 살면서 일방적인 갑인 경우나 일방적인 을인 경우는 없는 것이다. 즉, 누구나 '갑'의 입장인 경우와 '을'의 입장인 경우로 함께 어우러져서 살아가게 되어있다. 다시 말해 내가 어떠한 재능과 능력이 있어서 그것으로 누군가를 돕는 '갑'의 경우와 어떠한 도움을 받아야 하는 '을'의 경우를 누구나 경험하며 살고 있다는 것이다.

지금의 시대는 누구나 자신의 삶을 통해 자신과 가족 그리고 사회와 세상 전체의 성숙과 성장을 돕겠다는 삶의 목표를 가지고 살아가는 '갑의 마인드'가 너무나 절실하다. 이러한 갑에게는 갑으로서의 행동 수칙이 존재한다.

첫째, 갑은 을에게 항상 '겸손'해야 한다. 겸손하다는 의미를 좀 더 깊게 생각해보면 '존중'해야 한다는 의미이다. 존중한다는 것은 '관심'을 갖고 상대에 대해 더욱 알고자 하는 것이다. 그런 만큼 갑은 을에 대해서 '이해'를 할 수 있게 된다. 그렇게 이해하는 만큼 상대에 대한 맞춤형의 '배려'를 할 수 있게 되는 것이다. 다시 말해, 갑은 을에게 항상 '겸손'해야 하고, '존중'해야 하며, '관심'을 가지고 알고자 하여야 하며, 그런 만큼 온전히 '이해'하고 참된 '배려'를 해야 한다는 의미이다.

반면, 을은 갑에게 항상 '공손'해야 한다. 공손해야 한다는 의미는 바로 '예의'를 갖춰야 한다는 의미이다. 예의를 갖춘다는 의미는 바로 '몸과 마음의 자세를 낮춘다.'라는 의미이다. 다시 말해, 을은 갑에게 항상 '공손'해야 하며, '예의'를 갖추어서 '몸과 마음의 자세를 낮춘다.'라는 의미인 것이다.

이처럼 우리는 살아가면서 '갑'의 입장인 경우와 '을'의 입장인 경우를 잘 구별하여 그에 맞는 자신의 행동 수칙을 준수하고 행동해야 한다. 우리가 살아가면서 경험하는 문제들 대부분은 그때그때 상황에 따라 각자 갑과 을로서의 행동 수칙을 지키고 행하지 못함으로 인해 발생하는 경우들이다. 따라서 각자 '갑'의 입장일 경우와 '을'의 입장일 경우에 따른 행동 수칙을 잘 실천하면 모두가 행복하고 조화로운 소통과 협력의 기적을 발현할 수 있게 될 것이다.

《인간 관계에서 '갑'과 '을'의 법칙》

1. '갑'은 '을'에게 겸손해야 한다. (겸손 ⇨ 존중 ⇨ 이해 ⇨ 배려)
2. '을'은 '갑'에게 공손해야 한다. (공손 ⇨ 예의 ⇨ 낮춘 다)

10
인사(人事)를 통한
대인관계 기술 구축

인사는 사람들 간의 첫인상과 관계의 기초를 형성하는 중요한 행위이다. 효과적인 인사를 통해 상대방에게 긍정적인 인상을 남기고, 신뢰와 친밀감을 쌓을 수 있다. 인사를 잘하는 것은 대인관계에서 매우 중요한 기술이며, 이 기술을 잘 활용하면 직장, 사회생활, 개인적 관계에서 더 나은 상호작용을 이끌 수 있다. 다음은 인사를 통한 대인관계 기술 구축 방법을 살펴보자.

첫째, 적절한 인사 방식 선택하기이다. 인사는 상황과 상대방의 문화, 관습, 개인적 취향에 따라 달라질 수 있다. 상대방의 나이, 직위, 관계의 성격 등에 따라 적절한 인사 방식을 선택하는 것이 중요하다.

둘째, 눈을 마주치고 미소 짓기이다. 인사를 할 때 상대방의 눈을 마주치고 미소를 짓는 것은 중요한 비언어적 요소이다. 눈을 마주치는 것은 자신감과 관심을 나타내며, 미소는 친근함과 긍정적인 태도를 전달한다. 이는 상대방에게 긍정적인 인상을 주고, 이후의 대화를 더욱 부드럽게 시작할 수 있게 한다.

셋째, 상대방의 이름을 부르기이다. 인사할 때 상대방의 이름을 부르는 것은 상대방에 대한 존중과 관심을 표현하는 좋은 방법이다. 이름을 기억하고 사용하면 상대방은 자신이 중요한 존재로 여겨진다고 느끼며, 이는 신뢰를 형성하는 데 큰 도움이 된다.

넷째, 적극적인 경청 태도 보이기이다. 인사를 나눈 후에는 상대방의 말을 잘 듣고 적절하게 반응하는 것이 중요하다. 이를 통해 상대방에게 진심 어린 관심을 전할 수 있다. 이러한 인사는 대화의 시작일 뿐이며, 이후의 대화에서 보여주는 경청과 반응이 관계 형성에 큰 영향을 미친다.

다섯째, 문화적 차이와 매너 이해하기이다. 인사 방식은 문화적으로 다를 수 있기에, 다양한 문화적 배경을 이해하고 존중하는 것이 필요하다. 예를 들어, 일부 문화에서는 악수가 일반적이지만, 다른 문화에서는 머리를 숙이는 인사나 손을 얹는 방식이 더 적합할 수 있다. 따라서 상대방의 문화적 배경을 고려하여 인사를 하면 더 좋은 인상을 남길 수 있다.

여섯째, 진정성 있게 행동하기이다. 인사는 단순한 형식적인 행위가 아니라, 진정성을 바탕으로 해야 한다. 상대방은 진심 어린 인사와 형식적인 인사를 쉽게 구분할 수 있다. 진정성 있는 인사는 상대방에게 더 큰 호감을 줄 수 있으며, 긍정적인 관계를 형성하는 데 중요한 역할을 한다.

일곱째, 일관된 인사 습관 유지하기이다. 일관된 인사 습관을 유지하는 것은 신뢰를 쌓는 데 중요하다. 항상 밝고 긍정적인 인사를 유지하면, 사람들이 당신과의 만남을 기대하게 된다. 이는 대인관계에서 중요한 기반이 될 수 있으며, 사람들과의 관계를 더욱 긍정적으로 유지할 수 있다.

결론적으로, 인사는 대인관계의 시작을 알리는 중요한 요소이다. 올바른 인사 방식과 진정성 있는 태도를 통해 상대방에게 긍정적인 인상을 남길 수 있으며, 이는 이후의 상호작용에서 신뢰와 호감을 쌓는 데 중요한 역할을 한다. 이처럼 효과적인 인사 기술을 통해 더 나은 대인관계를 구축하고, 사회적, 직업적 성공을 위한 기반을 마련할 수 있다.

다음은 〈자기경영 헬스케어〉에서 말하는 인사에 대한 개념과 그에 따른 구체적인 방법을 살펴보자.

인사(人事)에 대한 진정한 의미는, 뜻풀이 그대로 '사람으로서 해야 할 일'이라는 뜻이다. 우리는 흔히 '예절'과 '인사'에 대해 혼동하는 경우가 많다. 하지만 인사와 예절은 엄연히 다르다. 진정한 의미의 인사란, 바로 '마음을 전하는 것'이다. 여기서 꼭 알아야 할 부분은 '감정'과 '마음'에 대한 철저한 구별과 이해 부분이다. 우린 흔히 "슬픈 마음.", "두려운 마음.", "미운 마음" 등의 표현을 하곤 한다. 하지만 정확한 표현은 바로 "슬픈 감정", "두려운 감정", "미운 감정"이 맞는 표현이다. 이처럼 마음과 감정은 분명히 다르다는 사실을 우리는 반드시 인지하고 있어야 한다.

그럼 이제 마음에 대해서 한번 알아보자. 〈자기경영 헬스케어〉에서 말하는 마음에 대한 개념은 바로, 개념화된 '정보 상태'를 말한다. 즉, 자신에게 가장 중요하다고 인식되어 개념화되어 있는 '정보'를 말한다. 그처럼 개념화된 정보를 몸소 실천할 수 있는 육체적 에너지까지 보유된 상태일 때 그 개념화된 정보는 자연스럽게 우러나는 '진심'의 상태가 되는 것이다. 반면, 육체적인 에너지가 보유되지 못한 상태일 경우는 '진심의 상태'까지는 아니지만 적어도 '개념화된 마인드의 상태'는 되는 것이라 보면 된다. 즉, 적어도 머리로 개념은 가지고 실천은 하고자 하는 최소 '마인드의 상태'는 되는 것이다.

이처럼 최우선의 정보 상태로 개념화된 정보 상태인 즉, '마음'은 크게 다음과 같이 4가지로 구별한다.

첫 번째 마음은, "(도울 수 있도록) 도와주십시오"이다.
두 번째 마음은, "돕겠습니다"이다.
세 번째 마음은, "감사합니다"이다.
네 번째 마음은, "미안합니다"이다.

우리가 누군가를 돕고자 할 때, 때론 내 능력의 한계를 벗어난 상황일 경우가 종종 있다. 즉, 나의 모든 능력을 다 쏟아도 도저히 도울 수 없는 경우가 분명히 있기 마련이다. 그럼에도 불구하고 반드시 꼭 돕고 싶을 때가 분명 있다. 바로 그때 발현되는 것이 바로 "(도울 수 있도록) 도와주십시오."라는 마음이다. 인사 중에 가장 높은 레벨의 마음이라 할 수 있다.

그 아래 단계의 마음이 바로 "돕겠습니다"이다. 즉, 자신이 할 수 있는 범위 안에서는 진심으로 돕고자 하는 마음이라 할 수 있다. 그런데 도움의 개념과 방식도 시대에 따라 변하기 마련이다. 과거에는 물질적인 도움이 너무나 절실한 시대가 있었다. 흉년이 들고 보릿고개 때문에 여기저기 굶어 죽는 사람들이 즐비한 시대가 분명 있었고, 그 때문에 물질적인 도움이 절대적인 도움이 되던 시절이 존재했다. 그 이후 시대가 흘렀고 물질적인 도움보다 지식적인 도움이 더 절실하던 시대도 한때 있었다.

지금 시대는 물질도 지식도 예전에 비하면 너무나 풍부하다. 그런 만큼 그 모든 것을 지혜롭고 조화롭게 잘 운영할 수 있는 진리정보에 대한 제공이 너무나 절실한 도움의 시대가 되었다. 소위 물질도 풍요롭고 지식정보도 풍부하지만, 그것을 조화롭게 잘 운영할 수 있는 지혜가 부족한 현대인들은 육체도 정신도 원하는 만큼 건강하지 못하다. 그뿐만 아니라 사람과 사람, 조직과 조직, 국가와 국가 간의 화합과 소통을 통해 더 나은 시너지를 발현하는 평화가 온전히 이루어지지 못하고 있다.

그 때문에 지금의 시대는 그럴 수 있는 진리 정보를 학습도록 돕는 것이 최고로 가치 있는 도움의 인사라 할 수 있다. 4차 산업 혁명 시대를 맞이하고 있는 지금의 시점에서 기술 과학의 발전으로 인한 지구촌 전체에 빠르고 신속한 진리정보 전달 및 학습 서비스를 제공하는 것이 시급한 시대적 과제이다.

그 아래 단계의 인사가 바로 "감사합니다."의 마음을 전하는 것이다. 나에게 주어지는 모든 상황은 중요하고 소중하고 감사하고 행복한 것임을 알 때 진정으로 감사한 마음이 생기는 법이다.

끝으로 맨 아래 단계의 인사가 바로 "미안합니다."의 마음을 전하는 것이다. 우리가 살다 보면 수시로 감사함을 놓치는 경우가 다반사이다. 그러다 보니 그런 만큼 불평불만을 쏟아 내기도 한다. 그러다가 뒤늦게 중요함과 소중함과 감사함을 인식하게 되었을 때, 미안한 마음과 함께 그에 대한 감사한 마음을 전하는 인사를 의미한다. 즉, 반성, 회개, 뉘우침 등을 통해서 미처 몰랐던 감사함을 더 깊게 인식하고 그에 따른 에너지를 흡수하는 것이다.

이처럼 우리는 인사(人事)를 통해 매 순간 우주로부터 실시간 주어지고 있는 성숙과 성장의 도움을 효율적으로 흡수 및 충전할 수 있다. 그리하여 풍요 속에서 건강하고 행복하게 윤택한 삶을 살아갈 수 있게 된다.

11
감사 에너지 충전을 통한
꿈과 목표 실현 기술 구축

　감사 에너지는 긍정적인 마음가짐과 정서적 충만감을 촉진하는 중요한 요소로써, 꿈과 목표를 실현하는 과정에서 큰 역할을 한다. 이러한 감사를 느끼고 표현하는 습관은, 동기 부여, 자기 효능감, 정신적 안정을 얻는 데 큰 도움이 된다. 이를 통해 꿈과 목표를 실현하기 위한 구체적인 기술과 전략을 구축할 수 있다. 다음은 감사 에너지 충전을 통한 꿈과 목표 실현 기술에 대한 일반적인 방법들에 대해서 살펴보자.

　첫째, 감사 일기 작성하기 부분이다. 매일 감사한 일이나 사람, 경험을 기록하는 감사 일기를 작성하는 것은 감사 에너지를 충전하는 가장 효과적인 방법 중 하나이다. 일기를 통해 하루 중 긍정적인 경험을 되새기고, 작은 것에서부터 큰 것까지 감사한 점을 찾아 기록하면, 긍정적인 마음가짐을 강화할 수 있다.

또한, 감사 일기는 또한 어려운 상황에서도 긍정적인 면을 찾고, 더 나은 해결책을 찾도록 돕는다.

둘째, 감사 명상과 시각화 연습하기 부분이다. 감사 명상은 마음을 차분하게 하고 현재에 집중하게 하여 감사의 마음을 깊게 느끼도록 도와준다. 매일 몇 분간 조용히 앉아 감사한 것들에 대해 생각하고, 그 느낌을 온전히 받아들이는 시간을 가지면, 마음이 평온해지고 에너지가 충전된다. 또한, 목표를 시각화하면서 그 목표가 실현될 때 느낄 감사를 미리 경험하면, 목표를 향한 동기 부여가 강화된다.

셋째, 감사를 통해 자기 신뢰감 구축하기 부분이다. 자신이 이미 이루어낸 것들에 대해 감사하는 습관은 자기 신뢰감을 높이는 데 중요한 역할을 한다. 그와 함께 과거의 성취와 경험을 감사히 여기는 것은 자신이 더 큰 목표를 이룰 수 있다는 믿음을 강화한다. 예를 들어, 작은 성공이라도 이를 감사하게 생각하고 인정하면, 더 큰 도전을 할 수 있는 용기를 얻게 된다.

넷째, 감사 에너지를 활용한 목표 설정과 계획 수립 부분이다. 목표를 설정할 때 감사 에너지를 활용하여 긍정적이고 구체적인 목표를 세우는 것이 중요하다. 목표를 세울 때 "이 목표를 이룰 수 있어서 감사하다"는 마음가짐을 가지면, 목표를 이루기 위한 계획을 더 긍정적이고 명확하게 수립할 수 있다. 또한, 감사한 마음으로 목표를 이루기 위한 단계들을 구체적으로 계획하면 더 효율적으로 목표를 달성할 수 있다.

다섯째, 감사를 통한 스트레스 관리와 회복력 강화 부분이다. 꿈과 목표를 향한 여정에서 좌절이나 실패를 경험하는 것은 자연스러운 일이다. 이때 감사의 마음을 가지면 스트레스를 관리하고 회복력을 강화하는 데 큰 도움이 된다. 어려운 상황에서도 감사할 점을 찾고, 이를 통해 긍정적인 태도를 유지하면, 다시 일어날 힘을 얻게 되는 것이다. 예를 들어, 실패에서 배운 교훈에 대한 감사의 마음을 가지면, 앞으로 더 나은 선택을 할 수 있는 능력이 생기는 법이다.

여섯째, 감사 에너지를 나누고 전하기 부분이다. 감사는 전염성이 있다. 감사의 마음을 다른 사람과 나누면, 더 큰 긍정적인 에너지를 만들어낼 수 있다. 동료나 가족, 친구에게 감사의 표현을 자주 하며, 감사하는 태도를 공유하면, 그들도 긍정적인 에너지를 느끼게 되고, 이는 다시 자신에게 돌아오게 된다. 긍정적인 환경에서 목표를 추구하면 더 큰 성과를 낼 수 있다.

여덟째, 감사를 통한 긍정적 신념 형성 부분이다. 감사하는 마음을 가지면, 긍정적인 신념 체계를 형성할 수 있다. "나는 이 목표를 이룰 자격이 있다"라는 신념을 바탕으로 감사의 마음을 가지면, 목표를 이루기 위한 행동을 더 쉽게 취할 수 있다. 이는 앞으로 자신이 받게 될 기회와 자원을 감사히 여기는 태도를 형성하고, 더 나은 결과를 만들어 낸다.

아홉째, 매일의 감사 루틴을 생활화하기 부분이다. 감사는 한 번의 행동으로 끝나는 것이 아니라, 지속적으로 실천할 때 그 효과가 극대화된다. 매일 아침이나 저녁에 감사하는 루틴을 만들어 실천하면, 감사의 습관이 몸에 배게 되고, 이는 삶의 전반적인 태도를 긍정적으로 변화시킨다. 매일 하루를 시작하며, "오늘 어떤 일에 감사할 수 있을까?"라고 자문하는 습관을 갖게 되면, 긍정적인 하루를 시작할 수 있다.

결론적으로, 감사 에너지를 충전하는 것은 단순한 기분 전환 이상의 효과를 가진다. 이는 꿈과 목표를 실현하는 데 필요한 정신적, 정서적 에너지를 제공하고, 긍정적인 신념과 행동을 촉진한다. 감사의 마음을 생활화하고 이를 다양한 방식으로 표현함으로써, 더 큰 동기 부여와 자기 효능감을 느끼며 목표를 향해 나아갈 수 있다.

다음은 〈자기경영 헬스케어〉에서 말하는 "감사 에너지 충전을 통한 꿈과 목표 실현 기술 구축" 부분에 대해서 그 의미와 방법을 살펴보자.

종종 사람들에게 "힘든 것을 좋아하는가?"라고 질문하면, 한결같이 "그렇지 않다"라고 답변을 한다. 그때 같은 의미의 또 다른 표현으로 "자신에게 필요한 힘이 자신에게 들어오는 것을 원하는가?"라고 질문을 하면, 모두가 한결같이 "그렇다."라고 대답한다. 여기서 우리가 알아야 할 점은 바로 '힘들다'라는 말의 진정한 의미가 "나에게 필요한 힘이 나에게 들어온다."라는 것이다. 그런 면에서 보면, 우리가 살면서 '힘들다'는 것은 자신의 성숙과 성장을 위해 꼭 필요한 힘이 자신에게 들어오는 것이며, 그렇기에 오히려 '좋은 것'이다. 즉, 위기가 기회라는 말의 참된 의미는, 일상에서 고난, 역경, 아픔, 힘듦 등으로 표현되는 모든 상황은, 사람들의 성숙과 성장을 위해 필요한 힘이 들어오도록 하는 우주의 배려이자 도움의 기회이기에 오히려 좋은 것이라는 부분이다. 그 때문에 자신에게 어떠한 상황이 오더라도 그에 대해 중요하고 소중하고 감사하고 행복하게 흡수하며 임하는 삶의 자세가 매우 중요하다. 그러므로 인해 자신이 원하는 꿈과 목표가 이미 현실로 실현되어있는 고차적 현실의 에너지장에 집중하고 접속하는 힘을 비로소 얻게 되는 것이다.

그런데 그것이 말처럼 그렇게 쉽지만은 않다. 그 이유는 우리가 현차적 현실에서 감사하며 에너지를 흡수하기 위한 감사의 기준 잣대가 너무나 높게 구축되어있기 때문이다. 즉, "나는 최소 이 정도는 되어야 감사할 수 있어"라는 관념 때문에 감사에 대한 기준 잣대가 스스로 너무 높아져 있다. 그러다 보니 매사 불평불만에 빠지게 되고, 매 순간 자신이 성숙하고 성장하는 기회를 스스로 포기하는 결과가 초래되는 것이다. 그에 대한 대가는, 자신에게 좋은 기회가 왔을 때 그만큼의 부족함과 미숙함으로 인해 결국은 기회를 놓치고 실패하게 되는 결과로 자신에게 돌아온다. 결국은 그렇게 실패하는 경험을 통해서라도 스스로 부족한 힘을 채워 넣을 수 있도록 돕는 것이 냉엄한 우주의 운영 법칙이다.

따라서 매 순간 자신에게 주어지는 모든 상황은 자신의 성숙과 성장을 위해 꼭 필요한 기회임을 알고, 항상 중요하고 소중하고 감사하고 행복하게 흡수하고 임하는 삶의 자세는 너무나 중요하다. 그로 인해 자신의 꿈과 목표가 이미 현실로 실현되어 있는 고차적 에너지장에 접속 가능한 힘을 스스로 갖추게 되며, 아울러 꿈과 목표를 실현할 수 있는 강력한 창조력을 발현할 수 있다.

12
우주의 에너지 인플레이션에 입각한
심신통합 충전기술 구축

"우주의 에너지 인플레이션에 입각한 심신통합 충전기술"이라는 개념은 매우 새로운 개념이다. 이 주제를 이해하려면 물리학, 특히 우주론과 양자역학 그리고 인간의 심리적·육체적 통합이라는 개념이 모두 결합한 개념이라 할 수 있다. 따라서 이에 대한 개념을 단계별로 살펴보도록 하자.

첫째, 우주의 에너지 인플레이션에 대한 개념이다. 우주 인플레이션(inflation) 이론은 빅뱅 직후 매우 짧은 시간 동안 우주가 엄청나게 빠른 속도로 팽창했다는 이론이다. 이 과정에서 우주는 진공 에너지에 의해 급격히 팽창하였고, 그로 인해 오늘날의 우주 구조가 형성되었다고 알려져 있다. 이 '진공 에너지'는 우주의 모든 공간에 존재하는 에너지로, 양자역학적으로도 중요한 의미를 가지며, '암흑 에너지'와도 연결될 수 있다.

둘째, 에너지 인플레이션과 심신통합에 대한 개념이다. 에너지 인플레이션을 심신통합에 적용한다는 것은 매우 독창적인 접근이다. 이 개념은 우주의 기초 에너지를 통해 인간의 정신적·육체적 상태를 조절하거나 최적화하는 개념을 말한다. 이러한 접근은 일반적으로 에너지 치유, 명상 또는 양자치유 등의 이론과도 연결될 수 있다. 특히, 심신통합이라는 개념은 일반적으로 정신(심리)과 육체(생리)를 통합하여 건강을 증진하고, 스트레스를 줄이며, 더 나은 삶의 질을 추구하는 개념이다. 심리치료와 물리치료가 결합 된 형태, 또는 마음 챙김(Mindfulness) 명상과 같은 기법이 이에 해당할 수 있다.

셋째, 충전기술 구축 부분이다. 우주의 에너지 인플레이션을 기반으로 한 "충전기술"이란, 인간의 생체 에너지를 충전하거나 조절하는 방법을 개발하는 것을 의미한다. 이러한 개념은 대체의학에서 다룰 수 있는 주제이다. 특히, 생체 에너지 충전에 대한 부분은 인간의 몸이 전자기적 에너지 필드로 둘러싸여 있기에 이를 조절하거나 강화하는 방법을 의미한다. 예를 들어, 요가, 기공, 레이키와 같은 전통적 수련법에서 이러한 개념을 다루고 있다.

다음은 〈자기경영 헬스케어〉에서 말하는 개념과 그에 대한 방법에 대해 살펴보자. 빅뱅 이후 끝없이 팽창하고 있는 우주의 나이는 약 138억 년 정도라고 한다. 그 속에서 약 46억 살에 해당하는 지구는 우주의 팽창에 따른 우주의 에너지 인플레이션에 영향을 받는다. 비유하자면, 우주라는 거대한 기업체가 확장되고 활성화되면서 그만큼 창출된 이익을 그 속에 있는 모든 구성원과 함께 나누는 작업처럼, 그 과정에서 지구의 에너지 질량도 함께 상승하고 있다. 그로 인해 지구촌은 물질문명의 발전과 함께 정신문화도 점점 더 발전하고 있다.

이처럼 우주의 에너지 인플레이션에 따라 인류의 에너지 인플레이션도 이루어져야 하는 법이다. 마치 물가가 오를수록 자신의 수입도 같이 올려야 하는 것과 비슷한 개념이라 볼 수 있다. 그러기 위해서는 균형 잡힌 육체와 정신의 에너지 충전을 통해서 에너지 인플레이션을 갖추어야 한다. 그러기 위해서는 다음의 3단계 과정을 이행해야 한다.

첫째, 육체적 에너지 충전을 통해 활기차고 활력있는 상태를 만든다.

둘째, 자신에게 일어나고 주어지는 모든 상황은 어떤 것도 예외 없이 자신의 성숙과 성장에 필요한 경험들임을 알고, 중요하고 소중하고 감사하고 행복하게 흡수하고 충전한다.

셋째, 현차적 현실에서의 감사 에너지 충전을 기반으로 꿈과 목표가 이미 실현되어있는 고차적 현실의 에너지를 흡수하고 충전한다.

이러한 단계 과정을 통해서 건강한 육체는 물론이고, 영체(spiritual body)도 점점 성숙하게 된다. 그런 만큼 현차적 감사 에너지와 고차적 감사 에너지가 자신의 육체를 통해 융합함으로써 꿈과 목표가 현실로 실현되는 것이다.

　여기서 가장 핵심적인 부분이 바로 두 번째에 해당하는 "자신에게 일어나고 주어지는 모든 상황은 어떤 것도 예외 없이 자신의 성숙과 성장에 필요한 경험들임을 알고, 중요하고 소중하고 감사하고 행복하게 흡수한다."라는 부분이다. 즉, 우주의 에너지 인플레이션과 비례하여 사람도 더 깊게 감사할 수 있는 역량을 갖추는 노력을 해야 한다. 어쩜 우리가 해야 할 대부분의 노력이 이 부분이 잘되지 않아 문제가 발생하는 것이라 볼 수 있다. 따라서 우리는 시간의 상당수를 현실에서 감사하는 역량을 기르고 발현되는 데 집중해야 한다.

13
우주의 창조 근원과 자신을 연결하는
의식통합 기술 구축

"우주의 창조 근원과 자신을 연결하는 의식통합 기술 구축"에 대한 의미는, 자신을 통해 우주의 창조 근원이 작용할 수 있도록, 자신의 삶과 의식을 우주의 창조 근원의 의식과 주파수를 향해 온전히 열어놓음으로써, 자신의 삶 속에 자연스럽게 드러나도록 하는 기술을 갖추는 것이다. 이는 신성한 에너지와 일치하고, 자신의 행동, 생각, 감정, 의도 모두가 우주의 창조 근원의 사랑과 지혜에 맞추어 조화롭게 되도록 하는 깊고도 영적인 실천이다. 이러한 상태가 될 수 있도록 하기 위해서는 다양한 영적 원칙과 실천법이 필요하며 그에 대해서 살펴보도록 하자.

첫째, 완전한 신뢰와 내맡김의 부분이다. 우주의 창조 근원이 매 순간 자신을 통해 작용하려면, 우주의 창조 근원을 향한 절대적인 신뢰와 내맡김이 필요하다. 이는 자신의 에고(ego)와 두려움을 내려놓고, 더 큰 지혜와 사랑의 힘이 자신을 통해 드러날 수 있도록 완전히 열어놓는 것을 의미한다. 이와 같은 신뢰와 내맡김의 과정은 우리의 의식과 마음을 우주의 창조 근원의 의지와 조화시키는 연습으로써, 명상, 기도 그리고 매일 의식적인 실천을 통해 점진적으로 이루어질 수 있다.

둘째, 순수한 의도와 정화 부분이다. 우주의 창조 근원이 매 순간 자신을 통해 작용하려면, 순수한 의도가 필요하다. 자신의 욕망, 두려움, 기대를 내려놓고, 우주의 창조 근원의 의도와 일치하도록 마음과 의도를 정화해야 한다. 정화의 과정은 자신의 내면을 깊이 들여다보고, 불순한 동기와 제한된 믿음들을 해소하는 것을 포함한다. 이는 용서, 감사, 진정한 자기 탐구를 통해 이루어질 수 있다.

셋째, 겸손과 자기 비움 부분이다. 우주의 창조 근원이 매 순간 자신을 통해 작용하려면, 겸손이 필요하다. 자기 자신을 에고가 아닌 더 큰 전체의 일부로 인식하고, 자신의 의지가 아닌 우주의 창조 근원의 의지가 자신을 통해 실현되도록 스스로를 비우는 것이다. 이는 '내가 하는 것이 아니라, 우주의 창조 근원이 나를 통해 작용한다.'라는 태도를 유지하며, 자신의 에고를 초월하여 더 큰 목적을 위해 자신을 도구로 사용하는 것을 의미한다.

넷째, 지속적인 명상과 마음 챙김 부분이다. 명상과 마음 챙김은 우주의 창조 근원의 에너지가 자신을 통해 자유롭게 흐를 수 있도록 돕는 중요한 도구이다. 명상을 통해 내면의 고요함을 경험하고, 마음 챙김을 통해 매 순간 우주의 창조 근원의 의식과 연결된 상태를 유지할 수 있다. 이러한 실천은 우주의 창조 근원과의 연결을 깊게 하고, 그에 따른 지혜와 사랑이 매 순간 자신의 삶에서 드러나도록 돕는다.

다섯째, 사랑과 자비의 실천 부분이다. 우주의 창조 근원의 본질은 무조건적인 사랑과 자비이다. 자신의 삶에서 우주의 창조 근원이 작용하도록 하려면, 매 순간 모든 존재를 사랑하고, 자비롭게 대하는 실천이 필요하다. 사랑의 에너지는 우주의 창조 근원의 본질이기 때문에, 사랑과 자비의 마음으로 행동할 때 자연스럽게 우주의 창조 근원의 의지가 자신을 통해 드러날 수 있다.

여섯째, 내면의 목소리에 귀 기울이기 부분이다. 우주의 창조 근원은 내면의 직관과 영감을 통해 작용한다. 내면의 목소리에 귀 기울이고, 그 소리가 자신을 안내하도록 허용하는 것이 중요하다. 내면의 지혜와 연결되기 위해서는 일상에서 조용한 시간을 갖고, 내면의 직관과 영감을 경청하는 습관을 기르는 것이 도움된다.

일곱째, 봉사와 나눔 부분이다. 우주의 창조 근원이 매 순간 자신을 통해 작용하려면, 자신의 삶이 더 큰 전체에 봉사하는 삶이 되어야 한다. 봉사와 나눔은 우주의 창조 근원의 사랑과 지혜를 세상에 드러내는 중요한 방법이다. 이러한 삶의 태도는 자신을 초월하여 더 큰 목적과 연결되고, 우주의 창조 근원의 에너지가 자신을 통해 드러나는 길을 열어준다.

여덟째, 삶의 모든 순간을 신성한 순간으로 인식하기 부분이다.

우주의 창조 근원이 자신을 통해 작용하는 것은, 특별한 순간에만 일어나는 것이 아니다. 삶의 모든 순간, 일상적인 행동 하나하나에도 우주의 창조 근원의 신성한 에너지가 깃들어 있다는 것을 인식하는 것이 중요하다. 일상에서 수행하는 모든 행위에 경건한 마음을 담고, 모든 매 순간을 우주의 창조 근원이 함께하는 신성한 순간으로 인식하는 삶의 태도가 필요하다.

아홉째, 지속적인 학습과 영적 성장 부분이다. 영적 성장은 끊임없는 과정이며, 우주의 창조 근원의 작용이 자신을 통해 이루어지기 위해서는 지속적인 학습과 성장이 필요하다. 다양한 영적 지혜, 철학적인 공부를 통해 자신의 이해를 넓혀가고, 더 깊은 깨달음을 추구하는 노력이 중요하다. 이러한 과정은 자신이 더 깊은 의식 수준에서 우주의 창조 근원의 의지를 이해하고, 그것을 자신의 삶에서 구현하는 데 도움이 된다.

이처럼 〈자기경영 헬스케어〉에서는 우주의 창조 근원이 매 순간 자신을 통해 작용하도록, 능동적으로 우주의 창조 근원의 의지와 사랑을 실천하며, 삶의 모든 영역에서 우주의 창조 근원의 본질을 드러내고, 자신을 통해 세상에 사랑과 빛을 전하는 삶을 추구한다. 그리하여 자신의 삶이 자신과 가족과 국가와 인류의 성숙과 성장을 돕는 값진 삶이 될 수 있는 21세기의 정신 지도자들을 양성하고자 목표한다.

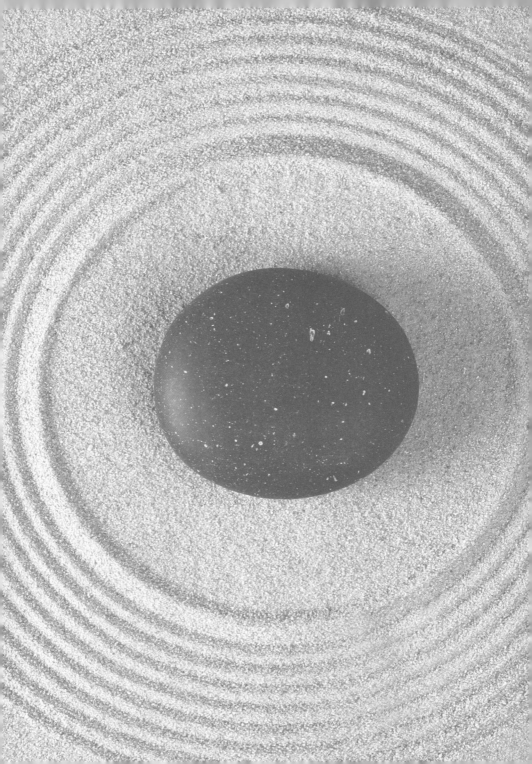

Chapter.7

육체적 에너지 충전을 돕는
인체 운영체계

1
충전
자세

인체 운영체계 1단계는 '충전 자세' 단계이다. 우리는 살면서 올바른 자세에 대한 중요성을 많이 강조 받아왔다. 우선 먼저 자세란 어떤 의미를 뜻하는지를 살펴보자. 자세에 대한 사전적인 의미를 찾아보면, "어떤 동작을 취할 때 몸이 이루는 어떤 형태, 사물을 대하는 마음가짐이나 태도" 등으로 정의되어 있다. 또 다른 의미에서의 자세란, 바로 몸통이 바르게 세워져 있는 각도의 정도를 의미한다. 즉, 올바른 자세란, 바로 몸통이 수직으로 반듯하게 세워져 있는 상태를 말하는 것이다. 반면 동작이란, 몸통에서 뻗어 나온 팔과 다리의 움직임을 의미한다.

그렇다면 자세와 동작은 어떠한 상호관계가 있는 것일까? 우리의 인체 구조는 나무를 거꾸로 세워 놓은 구조에 비유할 수 있다. 머리는 뿌리 부위에 해당하고, 몸통은 줄기 부위에 해당하며, 팔과 다리는 가지 부위에 해당한다. 그렇다면 몸통이 수직으로 반듯하게 세워진 자세가 왜 그토록 중요할까? 그 이유는 바로 호흡을 할 때 들숨에서 횡경막 아래까지 숨이 자연스럽게 들어와서 한 호흡 당 흡수되는 산소량이 놀랍도록 증가 되기 때문이다. 그러므로 인해 충전 자세는 그 이후의 단계인, 충전 호흡에 있어서 매우 중요한 준비 단계에 해당한다. 다음은 충전 자세에 대한 다양한 효과를 신체적, 정신적 부분 등으로 살펴보자.

첫째, 혈액순환 촉진 부분이다. 충전 자세는 호흡을 할 때 들숨에서 횡경막 아래까지 숨을 깊게 들어 마시게 되면서 호흡 당 산소량이 증가된다. 이로 인해 두뇌로의 혈류가 증가하면서 머리가 맑아지고 활력 증진에 큰 도움이 된다.

둘째, 자신감 증진 부분이다. 충전 자세는 자신감을 높이는 호르몬인 테스토스테론을 급격히 향상시킨다.

셋째, 긴장 완화 및 스트레스 해소 부분이다. 신경계를 진정시키고 트레스를 유발하는 호르몬인 코르티솔의 분비를 급속도로 낮아지게 하여 마음을 안정시킨다. 이는 불안, 긴장, 스트레스 해소에 도움이 되어 정신적 안정을 촉진한다.

다음은 충전 자세에 대한 단계별 동작에 대해서 알아보자.

충전 자세는 몸을 바르게 펴주는 것이 핵심이다. 핵심 사항을 정확하게 알고 자세를 취하면 쉬운 동작 대비 매우 탁월한 효과를 얻을 수 있다. 그러한 충전 자세를 단계별로 설명하면 다음과 같습니다.

1. 준비 자세

발은 11자로 어깨 넓이 만큼 서서 양손을 허리에 올리고 가슴을 펴고 선다.

2. 고개 20도 정도 들어 올리기

이때 목의 힘은 빼고 고개를 약 20도 가량 가볍게 들어 올려서 기도를 열어 준다.

3. 중완에 집중하기

명치 바로 3~5㎝ 아래쪽 중완에 집중하고 가볍게 호흡을 한다.

4. 양팔을 아래로 내려서 손가락을 가볍게 뻗히기

천천히 양팔을 아래로 떨구고 양손 끝은 뻗는다. 두 다리가 수직으로 서 있는 느낌으로 다리를 똑바로 유지한다.

5. 중완에 집중하고 호흡하기

중완까지 천천히 숨을 들이마시고 내쉬면서 중완에 충전이 되도록 호흡을 한다.

충전 자세를 할 때 주의할 점은, 다음과 같다.

1. 활짝 웃는 밝은 표정으로 호흡에 임하면 더욱 숨이 깊어
   지고 산소 흡수량도 많아진다는 것이다.
2. 팔을 가슴 높이로 들어서 손 끝으로 뻗히면서 숨을 쉬면
   더욱 숨이 깊어지는 효과가 있다.
3. 호흡을 하다가 습관적으로 고개가 숙여지는 것을 의식하
   여 항상 고개를 20도 가량 들어준 자세를 유지한다.

이처럼 충전자세는 육체의 에너지를 충전 단계에서 가장 중
요한 첫 단계로서, 몸통의 웅크려져 있는 자세를 바르게 활짝 펴
도록 하여 호흡의 양이 크게 늘어나게 하고 산소의 흡수량도 매
우 증진되도록 한다.

2
충전
표정

인체 운영체계 2단계는 '충전 표정' 단계이다. 인체의 신경계 중 뿌리 부위에 해당하는 머리는 두피와 얼굴로 구성되어 있다. 두피와 머리는 말초신경계인 뇌 신경이 골고루 분포되어 있다. 그와 함께 얼굴의 표정 근육들은 눈, 코, 입 주위의 근육들로 이루어지며, 근막 없이 머리뼈와 얼굴을 직접 연결하여 피부조직을 당김으로써 얼굴의 표정들이 나타난다. 복잡하게 얽혀진 얼굴 근육들이 특정 감정을 표현하기 위해서는 작은 근육 단위에서 명확하고 독립된 통제가 필요하다. 이는 각각의 얼굴 근육에 분포하는 얼굴 신경들이 독립된 운동 정보를 전달하기 때문이다.

얼굴의 표정은 대뇌겉질이 관여하는 복잡한 중추신경계의 처리 정보가 얼굴 신경이라는 통로를 통해 표정 근육으로 전달되어 이루어진다. 근육의 움직임은 근육의 위치, 힘의 정도, 속도 등의 고유 감각 정보를 바탕으로 얼굴의 표정 근육이 복잡한 움직임으로 조절된다.

우리가 웃음을 웃을 시 외부자극으로 인해 시상하부를 거쳐 중뇌 변연계로 전해지며 뇌의 신경전달물질인 도파민 분비가 활성화되어 심장박동과 혈압을 상승시키고, 동맥혈과 정맥혈 순환이 활성화되어 산소 공급이 풍부해짐으로써 우울증, 불안, 스트레스 해소에 매우 탁월한 효과가 있는 것이다.

심리학자인 제임스 레어드는 1974년에 표정이 감정에 미치는 영향에 관한 실험을 했다. 결과는 표정에 비례해서 감정이 변화한다는 것이다. 피실험자가 화가 난 표정을 짓고 있을 때 실제로 분노를 느꼈으며, 행복한 표정을 짓고 있을 때 실제로 행복감을 느낀다는 사실을 확인했다.

심리학자인 프리츠 슈트라크와 레너드 마틴, 그리고 자비네 스테퍼는 1988년에 한 걸음 더 나아가 '안면 피드백 가설(facial feedback hypothesis)'에 대해 검증한 결과를 논문으로 발표했다. 피실험자들 가운데 한 집단에게는 웃는 표정이 나오도록 하는 방식으로 볼펜을 입에 물게 하고 또 다른 집단에게는 웃을 때 사용되는 얼굴 근육이 전혀 자극되지 않도록 볼펜을 입술로 물게 했다. 모두 볼펜을 입에 문 채로 웃기는 내용의 동일한 만화를 읽게 하자 웃는 표정을 하고 있던 집단이 웃는 표정을 짓지 않고 있던 집단보다 만화가 재미있었다고 대답한 비율이 훨씬 더 높왔다.

또 다른 실험에서는 반창고를 이용한다든가 혹은 '두 손으로 양 눈썹이 최대한 가까워지도록 밀게 해서' 피실험자들이 미간을 좁히도록 강제로 설정했는데, 그러자 이 피실험자들은 슬픔과 분노와 혐오의 감정이 한층 커진다고 답변했다.

사람이 남의 감정을 해석하는 기본적인 방법은 여러 가지가 있는데, 그중 하나가 타인의 표정을 흉내 내는 것이다. 일상생활 속에서 표정 흉내 내기는 다른 사람의 내면세계를 들여다볼 수 있는 너무나 미묘하고 빠른 효과가 있다.

윌리엄제임스가 이미 오래전에 감정의 신체-정신 이론을 제안 이후, 그 이론을 검증하기 위해 최초로 안면 피드백 실험을 수행했던 레어드와 캐서린 라카스는 수백 건의 실험을 통해 표정이 감정과 그에 따른 행동에 미치는 영향이 매우 크다는 걸 확인했다.

긍정적인 감정을 드러내는 대표적인 밝은 표정은 다음의 사진과 같다. 그림처럼 고개의 각도를 20° 정도 상향 조절한 상태에서 충전 표정을 지으면 즉시 기분 좋은 느낌이 생성된다.

먼저 고개를 20° 정도 상향으로 들어 올려 기도를 열어준다. 다음은 광대뼈 아래의 교근에 집중하고, 입꼬리를 최대한 귀에 걸듯 당겨 올리며 "이~!"라는 의성어를 발성한다. 그런 후 눈을 질끈 감으면서 콧잔등이 찡긋 되는 표정과 함께 비강 속으로 "큰~!"이라는 의성어를 발성한다. 끝으로 두피에 집중하고 "힘~!!"

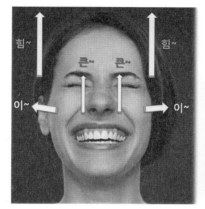
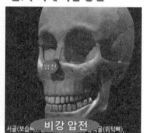

*이: 교근에 힘을 잡고
중완으로 들숨 후 숨을 참기
*큰: 비강에 기압 충전
*힘: 두피에 기압 충전

[그림] 충전표정

이라는 의성어를 발성하면서 눈을 감은 시선은 이마를 응시한
다. 이때의 표정은 진짜 기쁠 때 짓는 환한 표정이 절로 된다. 이
러한 표정을 지으면서 자신의 기분을 살펴보면, 짧은 시간 안에
전율과 함께 매우 강렬한 기쁨이 느껴진다. 점점 더 집중할수록
활기·활력과 함께 용기와 자신감이 생기는 것을 느낄 수 있다.

 다음은 교근에 집중하고 입을 벌렸다가 닫는 것을 반복하는
교근 운동을 통해 교근을 단련시켜 준다. 약 20회 정도 실시하고
나면 교근이 뻐근하게 단련된 느낌이 일어난다. 이러한 교근 운
동은 뇌간에서 뻗어 나온 12쌍의 뇌 신경 중 안면과 두피에 분포
하는 3차 뇌 신경과 안면신경을 활성화한다.

충전 표정은 뒤센 미소의 표정과 매우 흡사하다. 뒤센 미소는 에크먼(1993)이 발견한 하나의 진짜 미소를 뒤센 박사에 대한 존경을 담아 '뒤센 미소'라고 명명했다. 이 미소를 지을 때는 반드시 세 가지 얼굴 근육의 움직임이 동반된다. 첫째, 입술을 끌어올려서 입이 벌어지게 되고, 둘째, 볼을 끌어 올리는 중안면 근육이 수축한다. 그리고 마지막으로 눈꼬리 주변 근육이 위아래에서 서로 마주 보는 방향으로 움직이면서 눈꼬리 바깥쪽 위쪽에 특징적인 잔주름이 생기게 된다. 이 특징은 모든 인류에게 공통되게 나타나는 움직임이다. 충전표정은 이러한 뒤센 미소보다 더욱 활짝 웃는 표정이 자연스럽게 되어진다

충전 표정을 짓는 방법은 해당하는 주요 부위에 맞는 의성어를 통한 사운드테라피로 해당 부위에 압력을 충전시키면서 자연스럽게 충전 표정을 회복시킨다.

첫째, 교근에 집중하고 '이~!'라는 소리를 통해 교근에 기압을 충전시킨다.
둘째, 비강에 집중하며 '큰~!'이라는 소리를 통해 비강 내에 기압을 충전시킨다.
셋째, 두피에 집중하며 '힘~!'이라는 소리를 통해 두피에 기압을 충전시킨다.
넷째, 뇌에 집중하며 '큼~!'이라는 소리를 통해 뇌에 기압을 충

전시킨다.

이처럼 얼굴 각 부위에 맞는 기합의 소리를 발성하는 사운드 테라피를 통해 해당 부위에 필요한 기압을 충전하여 밝은 표정의 회복과 함께 활기·활력을 증폭시킬 수 있다.

3
충전
스피치

인체 운영체계 3단계는 '충전 스피치' 단계이다. 충전 스피치는 말을 하면서 자신의 생각에너지는 물론이고 육체적 에너지도 충전이 되도록 하는 스피치 방법이다. 말하기에 대한 사전적 의미를 찾아보면 "생각과 감정에 대한 의사소통의 수단"이라고 되어 있다. 충전 스피치는 자신이 원하는 생각에 집중하고 실감을 강렬하게 느끼면서 그 느낌을 말로 표현하는 것이 포인트다. 이 과정을 통해 온몸으로 강렬한 전율과 함께 감동을 느끼게 된다. 그와 함께 육체적·정신적 에너지 충전이 이루어지는 것이 특징이다.

캐나다 신경외과 의사인 와일더 펜필드가 인간의 대뇌피질을 중심으로 하는 감각신경과 운동신경이 각기 다른 신체 부위에 얼마만큼 연관되어 있는지를 신체 부위별 크기로 나타낸 호문쿨루스 [그림4] 모형을 보면, '입'과 '손'이 얼마나 중요한 비중을 차지하는지를 한눈에 알 수 있다.

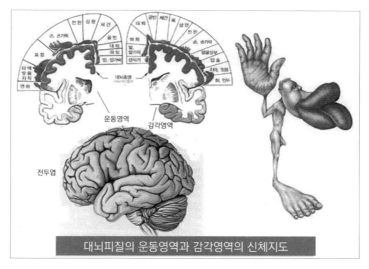

[그림4] 호문쿨루스

충전 스피치는 거대한 입술과 혀는 물론이고 두 손까지 부지런히 움직이며 매우 섬세한 뇌 활성화 운동이 된다. 대뇌피질 운동령의 해당 부위도 빠르게 반응하게 하고 동시에 감각령으로도 정보가 전달되면서 대뇌피질의 상태가 달라진다. 호문쿨루스 그림의 거대한 입술과 혀, 두 손의 모습처럼 입술과 혀, 두 손이 부지런히 함께 움직여주게 되면 뇌의 입장에서는 매우 섬세하고 예민한 뇌 운동이 진행된다. 자신에게 중요한 생각들을 말로 표현함으로 인해 자연스럽게 자신의 뇌를 중심으로 중추신경계와 말초신경계까지 각인이 되도록 하는 과정이다.

첫째, 교근에 집중하고 '이~!'라는 소리를 통해 교근에 기압을 충전시킨다.

둘째, 비강에 집중하며 '큰~!'이라는 소리를 통해 비강 내에 기압을 충전시킨다.

셋째, 두피에 집중하며 '힘~!'이라는 소리를 통해 두피에 기압을 충전시킨다.

넷째, 뇌에 집중하며 '큼~!'이라는 소리를 통해 뇌에 기압을 충전시킨다.

그런 후 "그래~!"라는 소리를 통해 해당 주요 부위의 기압을 동시에 통합적 충전을 시킨다. 다음은 "됐다"라는 소리를 통해 현실에서 원하는 모든 것이 되어 있는 미래기억에 온몸과 정신을 집중하고 실감을 느낄 수 있는 감각을 활성화한다.

내가 하는 말을 가장 정확하게 듣는 사람은 바로 나 자신이다. 고로 내가 하는 말에 가장 큰 영향을 받는 사람도 나 자신이다. 반복적으로 하는 나의 말 자체가 믿음이 되고 나 자신이 된다. 우리는 말한 대로 생각하게 되고, 말한 대로 행동할 때가 많다. 결국은 말이 현실이 되는 이유이며, 고로 말이 씨가 된다는 건 부정할 수 없는 사실이다. 긍정적인 사람이기 때문에 긍정적으로 말하는 것이 아니라, 긍정적으로 말하기 때문에 긍정적인 사람이 되는 것이다.

미국의 심리학자 윌리엄 제임스와 덴마크의 심리학자 칼 랑게가 같은 시기에 주장한 '정서 이론'을 살펴보면, 감정이나 정서가 먼저 생긴 후에 신체적 변화가 뒤따르는 것이 아니라, 신체적 변화 지각이 곧 감정을 유발하고 감정보다 우선한다고 말한다. 고로 이루고 싶은 꿈이 있다면 그 꿈을 항상 입버릇처럼 말하라. 다시 말해, 이루고 싶은 미래의 모습이 있다면 그것을 끊임없이 떠올리기 위해서라도 항상 말로 표현하는 습관을 들여라. 이러한 습관은 꿈을 이루는 데 필요한 정보를 자신에게 반드시 가져다줄 것이다.

4

충전
호흡

인체 운영체계 4단계는 '충전 호흡' 단계이다. 충전 호흡이란, 인체에 필요한 에너지 충전을 초고속으로 시켜주는 에너지 충전 호흡법이다. 우리가 생명 활동을 유지하기 위해서는 물질적인 에너지가 필요하다. 그러기 위해서는 먹고 마시는 음식과 물이 필요하고, 호흡을 통해 그것을 화학적, 물리적 전기에너지로 변환시켜서 활동 가능한 에너지로 만드는 공기가 필수로 필요하다. 이처럼 호흡을 통해 흡수된 공기는 화학적, 물리적 전기에너지로 변환되어서 생명 에너지로 생성된다. 이러한 호흡 과정도 1차, 2차, 3차적 단계를 통해 에너지 충전이 이루어진다.

우선 호흡을 통해 몸 바깥에 있던 공기가 폐로 들어왔다 나가는 동안에 혈액하고 접촉이 되면서 혈액에 산소가 녹아 들어가고 폐에서 산소교환이 이루어지는 단계가 1차 충전단계이다. 그

다음 혈액이 돌다가 세포 속에 산소가 녹아 들어가는 단계가 2차 충전단계이다. 끝으로 세포 속에 있는 에너지 공장인 '미토콘드리아'라는 세포 소체까지 산소가 전달됨으로써 우리가 쓸 수 있는 동력에너지로 생성되는 단계가 3차 충전단계이다. 이러한 단계를 통해 인체 전기에너지로 변환이 되는 것이다.

호흡의 생리적 기전을 살펴보면 자율신경계의 긴장과 이완반응을 유도하여 심박수와 혈압을 조절하고 혈액을 통해 세포 조직으로 산소를 전달한다. 그리고 심호흡은 교감신경계를 안정시키고 부교감신경은 활성화된다.

일반적인 호흡은 들숨과 날숨의 반복이지만, 충전 호흡은 들숨, 멈추기, 날숨 등의 3단계 과정을 반복함으로써 이루어진다. 들숨은 자연스럽고 가볍게 비강과 아랫배 단전까지 들이마신다. 그리고 비강 내에 공기를 압축시키기 위해 미소를 활짝 지은 것과 같은 충전 표정을 지으며 숨을 잠시 멈춘다. 기분이 좋아질 정도로 복부와 손과 발, 두피 등의 온몸에 꽉 차오르는 압력이 느껴질 정도로 잠시 멈추었다가 내쉬는 숨을 통해 온몸에 응축시켰던 에너지 기압을 교근, 비강, 두피, 뇌, 손, 발, 복부 등으로 밀어 넣는다.

뇌의 무게는 체중의 2%에 불과 하지만 뇌가 사용하는 산소량은 전체의 30%를 차지한다. 충전호흡은 뇌가 필요로 하는 산소 공급을 늘려준다. 또한, 흉곽 내의 압력이 음압으로 형성되었다가 말초신경계로 서서히 산소가 퍼져 가는 효과가 나타나며, 특히 날숨 시 말초혈관이 확대되어 혈액이 조직이나 세포 속으로 더 스며들어가게 된다. 세포나 조직 속으로 혈액순환이 많이 되니까 산소 공급이 많이 되는 결과가 나타난다.

그뿐만 아니라 호흡 시 비강 내의 상피세포로 흡수되는 용존 산소량을 늘려주고, 뇌간의 중심부에 있는 쾌락 중추를 활성화하여 기쁨이라는 느낌을 느낄 수 있게 된다. 그럼으로써 육체적 에너지 충전과 함께 의식의 상태를 조절할 수 있게 해준다. 그러다 보니 충전호흡은 우리가 아주 기쁜 일이 생겼을 때 자신도 모르게 해왔던 호흡의 상태와 유사하다.

충전 호흡은 우주 공간에 가득 채워져 있는 양자장의 에너지를 육체 안으로 흡수시켜 인체 에너지 전자기장을 활성화하는 과정이다. 척추 신전에 의한 호흡근의 압축으로 뇌척수액의 유동을 촉진하고, 긴 날숨 호흡으로 비강 진동에 의한 두개골의 진동을 일으키며, 내부골격에 대한 물리적 압축의 방식 등이 복합적으로 사용된다. 그리하여 뼈, 체액, 근육 등의 연합된 움직임을 통한 내적 압축방식 및 진동방식에 의해 압전기나 유동전위 등을 일으키게 된다. 이는 인체에서 일어나는 전형적인 전기공학에 따른 인위적인 전기현상을 활성화하는 것이다.

눈을 질끈 감고 시선을 상향 조절하면서 숨은 가볍게 들이마신 후 숨을 잠시 2~3초가량 멈추며 입꼬리와 콧잔등을 함께 찡긋 위로 뻗쳐 올린다. 그런 후 천천히 숨을 내쉰다. 이렇게 5번 정도 호흡을 반복해보면 우리가 평소 기쁨을 느꼈을 때의 느낌과 흡사할 뿐만 아니라 기분이 매우 향상되고 활기·활력이 일어나는 것을 쉽게 체험할 수 있다. '기쁘다'라는 감정은 뇌에서 쾌감중추의 활성화로 도파민이 전사되어 전전두엽에서 느끼게 되는 느낌이기 때문이다.

이러한 충전호흡의 효과는 폐활량 증가, 체질량 지수 감소, 혈당 조절, 콜레스테롤 감소, 면역력 활성화 등이 있다. 그리고 기억력과 인지력의 증진, 스트레스, 불안, 우울증, 강박증 등의 개선에도 탁월한 효과가 있다. 그뿐만 아니라 자율신경계의 긴장과 이완반응을 유도하여 심박수와 혈압을 조절하고 혈액을 통해 세포 조직으로 산소를 전달한다. 그리고 교감신경계가 안정화되고 부교감신경이 활성화된다. 그러다 보니 국내외에서 호흡에 관련된 많은 임상 연구가 이루어지고 있는 이유가 바로 여기에 있다.

우리 뇌에서 외부 정보를 가장 빠르게 받아들이고 반응하는 신경은 뇌신경이다. 또한, 시각, 청각, 미각, 후각, 촉각 등의 오감을 담당하는 신경이 바로 뇌신경이다. 이러한 뇌신경은 모두 얼굴과 머리에 모두 분포하며, 뇌의 가장 깊숙한 곳인 뇌간에 연결되어 있다. 이처럼 의식적으로 뇌간을 조절하여 의식의 상태를 조절할 수 있는 호흡법이 바로 '충전 호흡'이다. 그 시작은 뇌간에서 뻗어 나온 12쌍의 뇌신경을 자극해주는 것이다. 12쌍의 뇌신경은 외부에서 주어지는 자극에 감각 반응하고 정보를 수집하여 뇌에 전달해주고 운동하게끔 되어있다. 얼굴의 감각 기관과 연결되어 있고, 두피와 얼굴 그리고 목과 어깨, 마지막으로 거대한 미주신경으로 소화기 내장기관까지 뻗어져 있다. 그동안 우리 대부분은 건강을 위해 '운동을 한다'라고 하면 머리와 얼굴을 제외한 몸과 팔과 다리를 움직이는 것만 생각했다. 하지만 이제부터는 충전 표정을 통해 교근, 비강, 두피, 뇌 등의 인체 주요 4곳에 압전을 충전하는 것으로 시작으로 하여 뇌신경을 활성화하는 것은 물론이고, 그와 함께 손, 발, 단전 등을 포함한 인체 주요 총 7곳에 압전을 충전하면서 초고속 인체 에너지 충전을 하는 '충전 호흡'이 생활화되어야 할 때이다.

5
충전
동작

인체 운영체계 5단계는 '충전 동작' 단계이다. 인간은 곧 동물(動物)이며, 동물의 한자를 살펴보면 움직이는 생명체란 의미이다. 어떤 동물이든 움직이다 보면 신체가 활성화되면서 생기를 띠게 된다. 동물이란 자연 속을 자유로이 뛰어다닐 때 건강해지는 법이며, 이는 인간도 마찬가지다.

우리는 모두는 호흡을 통해 인체 에너지를 충전한다. 그와 함께 우리의 몸은 항상 움직이기를 원한다. 심장의 박동, 폐의 호흡, 뇌파의 움직임 등이 바로 우리가 살아있다는 증거이다. 움직임이 정지될 때 인체는 활기가 없어지고 점점 죽어간다. 우리 몸의 움직임이 정지되면 에너지의 흐름이 막히고 그 순간부터 우리의 몸은 병이 든다.

인간의 몸에는 다양한 전기적 에너지의 흐름이 있다. 한의학의 경락이나 경혈 이론 등은 건강이 에너지의 흐름과 아주 밀접한 관계가 있음을 잘 설명해준다. 에너지의 흐름이 원활하지 못하거나 막히면 몸은 굳게 되고 병이 나게 된다. 의식이 매사에 부정적이고 공격적인 사람들은 대표적으로 에너지의 흐름에 난조를 일으키고 건강의 균형이 깨지게 된다.

이처럼 인체에 필요한 에너지를 초고속으로 충전 및 순환하게 하는 충전 동작은 총 3단계의 과정으로 이루어져 있다.

충전 동작 1단계는, 두 주먹을 꽉 쥐고 두 팔을 힘차게 흔들며 온몸의 에너지 충전을 상승시킨다. 이때 고개는 20도 정도 상향으로 들어 기도를 열어 준다.

충전 동작 2단계는, 주먹을 쥔 양손을 쫙 펴서 손가락을 창끝처럼 뻗쳐준다. 충전동작 1단계보다 훨씬 더 강력하게 손에 기압이 충전된다.

충전 동작 3단계는, 뻗친 손가락을 피아노 건반을 치는 듯한 손가락 모양으로 뻗쳐서 손가락 끝에 힘을 주고, 마치 피아노 건반을 강하게 치듯 10개의 손가락을 빠르게 10초가량 움직여 준다. 이때 인체 전체의 기압은 극점까지 증폭되는 것을 경험할 수 있다. 이 동작을 취할 때 "됐다"라는 말을 같이 여러번 반복한다. 이때 자신이 원하는 꿈과 목표가 실제로 "됐다"라는 기쁨의 느낌이 강렬한 전율과 함께 온몸으로 느껴진다. 그것은 뇌가 실제의 현실로 인지했기에 일어나는 생리적인 반응이다. 계속해서 "됐다!"라는 말을 반복하며 집중하면, 실제 꿈과 목표가 실현되어있는 실감과 함께 감사함이 온몸의 전율과 함께 느껴진다.

이처럼 손으로 조절 및 표현되는 충전 동작의 원리에 대해서 뇌과학의 관점에서 한번 살펴보면, 인체 중 특히 손의 운동은 뇌의 구조를 빠르게 변화시킨다. 인간의 뇌에는 대뇌피질 한가운데 운동 영역을 담당하는 운동중추사령부가 있다. 운동중추사령부를 자세히 살펴보면 신체의 각 부분을 통제하는 많은 사령실이 있다. 신체의 각 움직임은 바로 이 영역의 명령에 따라 조절된다. 움직임의 정밀도와 복잡성에 따라 사령실의 크기가 다르며, 호문쿨루스의 인체 지도를 보면 손, 입, 혀 등 세밀하고 정교한 운동을 통제하는 사령실의 크기가 몸통을 지배하는 사령실보다 훨씬 더 크다는 것을 알 수 있다. 그중 놀라운 것은 엄청난 손의 크기이다. 손은 뇌의 계획과 프로그램에 따라 단순히 수동적으로 움직이는 존재가 아니다. 적극적으로 집어 들고, 찌르고, 쥐어짜고, 주무르고, 밀치면서 터득한 손의 감각이 뇌의 정교한 신경망을 창조해 내는 것이다.

이와 같이 '충전 동작'은 에너지 충전을 통해 몸과 마음에 활력을 불어넣고 에너지를 회복하는 데 도움이 되는 육체적인 움직임을 의미한다. 이는 피로를 풀고 다시 힘을 얻기 위해 특정한 신체 동작을 수행하는 것을 포함하며, 스트레칭, 요가, 간단한 체조 또는 명상과 함께 하는 동작들이 주로 해당된다.

01

02

03

04

ᑌ
충전
체조

인체 운영체계 6단계는 '충전 체조' 단계이다. 우리 인체에 필요한 에너지를 더욱 효과적으로 충전할 수 있도록 체계화한 동작들로 구성되어 있다. 육체와 정신의 활기·활력을 회복하고, 자신이 원하는 꿈과 목표를 실현할 수 있는 에너지를 확실하게 충전할 수 있다.

충전 체조는 인체 신경계 중 뇌간에서 뻗어 나와 얼굴과 머리에 분포하는 12쌍의 뇌신경을 시작으로 하여, 척수 그리고 전신의 말초신경계 및 자율신경계 등을 활성화하여 초고속으로 인체 에너지 충전을 가능하게 한다. 인체 신경계의 구조는 나무를 거꾸로 세워 놓은 구조와 비슷한 구조이며, 머리는 뿌리, 몸통은 줄기, 팔과 다리는 가지로 비유할 수 있다. 충전체조의 동작들 역시 뿌리 부위, 줄기 부위, 가지 부위 등으로 구분하여 구성되었으며, 인체 신경계 구조에 대한 이해를 바탕으로 육체 에너지 충전의 효율성을 극대화하는 동작들로 구성되어 있다. 이러한 충전 체조는 신체를 움직여 혈액 순환을 촉진하고 피로를 풀어준다.

구분	체조 과정
뿌리 부위	- 두피 충전 - 얼굴 충전 - 목 충전
줄기 부위	- 몸통 충전 (가슴, 복부)
가지 부위	- 허리 충전 - 팔 충전 (어깨, 팔꿈치, 손목) - 다리 충전 (고관절, 무릎, 발목)
전신	- 누워서 전신 충전

<표1> 부위별 충전 체조 동작 과정

충전 체조는 인체의 에너지 충전을 통해 온몸의 신경계를 활성화한다. 충전 체조는 충전 호흡과 함께 에너지를 더욱 효율적으로 인체 내로 유입하여 에너지 기압을 상승시키고 인체 전기장을 활성화함으로써 육체적인 활력과 의욕, 자신감을 증폭시킨다. 이에 따라 인체의 에너지 자기장도 활성화되어 감성 및 정서를 느끼는 감각이 발달된다. 이러한 충전 체조는 충전 호흡을 위해 중요한 보조 역할에 해당한다.

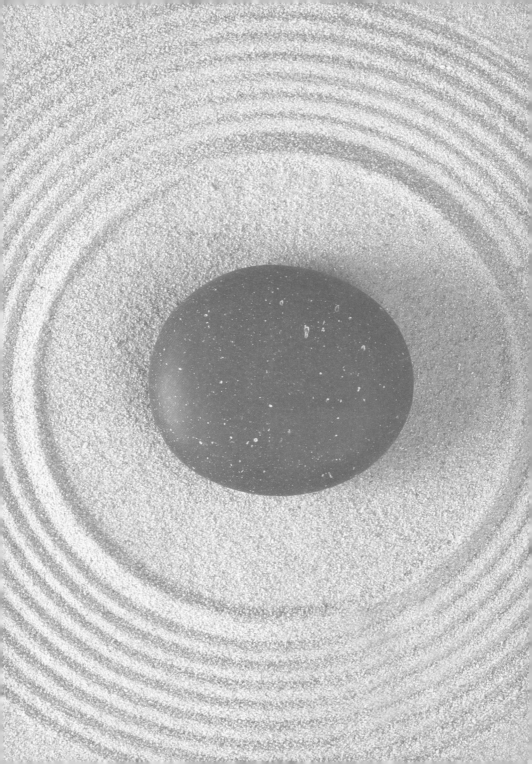

Chapter.8

초고속 인체 에너지 충전 기술
〈충전 체조〉

1
뿌리 부위
충전체조

뿌리 부위의 충전 체조는, 충전 호흡을 최적화하는 매우 중요
한 과정이다. 12쌍의 뇌신경을 활성화함으로 인해 인체 에너지
충전의 효과를 극대화한다.

■ 1. 두피 충전

지압볼을 활용해서 두피를 충전한다. 두피의 옆머리, 뒷머리,
윗머리 등을 각 20초씩 약 1분가량 두피 전체를 골고루 누르며
문질러 준다.

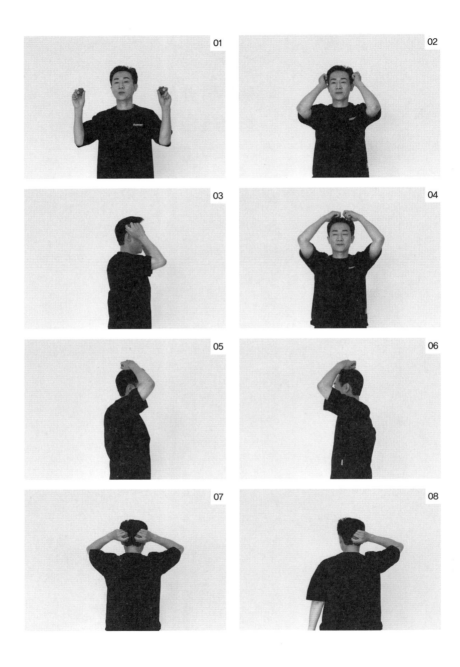

■ 2. 얼굴 충전

얼굴은 주먹을 쥔 양손의 손가락 마디로 이마, 눈썹, 얼굴 근육 전체를 골고루 지압하며 문질러 준다. 특히 광대뼈 아래 교근을 집중하여 지압해준다. 과정에서 통증을 많이 느낀다면 그만큼 충전이 절실하고 또한 신경들이 약해져 있다고 볼 수 있다. 처음에는 아주 강한 통증의 자극이 일어날 수 있다. 그러나 그것은 일시적인 반응일 뿐이며, 반복될수록 통증은 점점 줄고 시원한 느낌으로 바뀔 것이다. 얼굴 전체 충전 시간은 약 2분 이내로 실시한다.

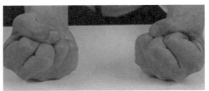

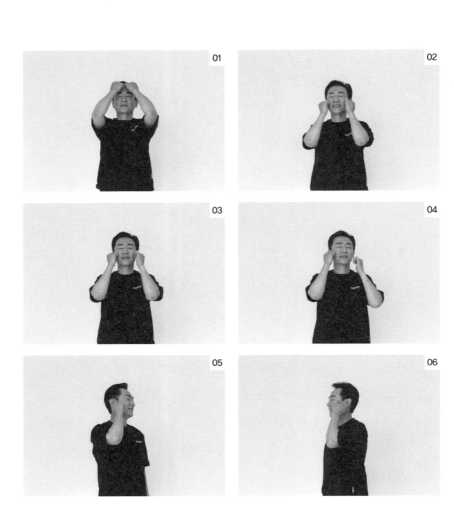

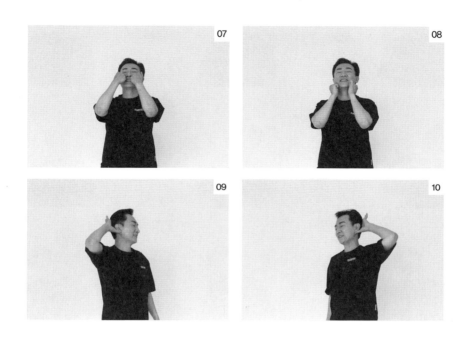

■ **3. 목 충전** (목 돌리기 / 목 지압하기)

목 돌리기를 통해 목 하부, 목 중부, 목 상부 등으로 나누어서 단계별로 각각 좌우 대칭으로 5회씩 실시한다. 이후 추골동맥, 경동맥, 림프계, 어깨 승모근 등을 각각 손으로 지압을 한다. 마무리는 어깨 승모근 지압으로 한다.

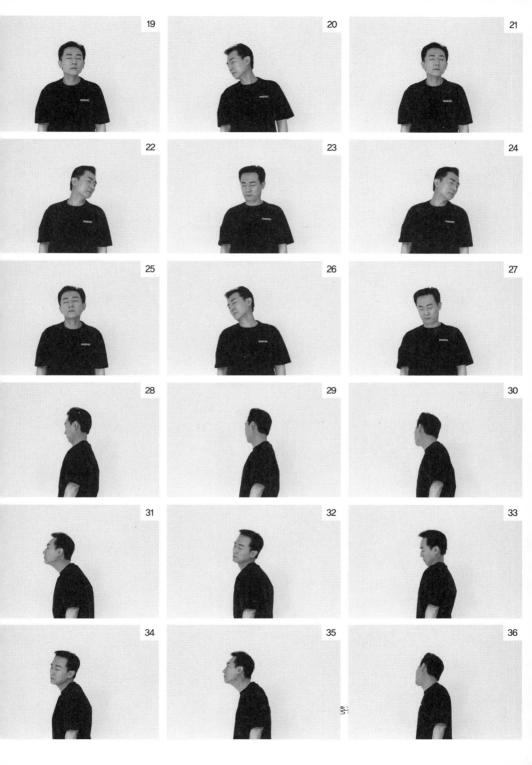

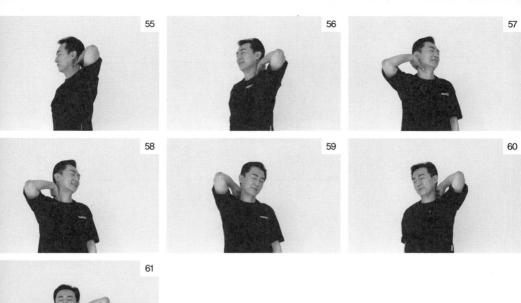

2

줄기 부위
충전 체조

줄기 부위는 몸통 부위를 말하며, 소화기 신경계가 있는 곳이다. 흉부에서부터 복부까지 주먹을 쥐고 두드리며 몸통에 필요한 에너지를 충전한다.

■ 1. 몸통 충전 (흉부 / 복부)

빗장뼈 아래 가슴 부위와 가슴 중앙, 아래 가슴뼈가 있는 부분 전체를 두드려준다. 두드림의 강도는 약간의 통증이 느껴질 정도로 해준다. 통증이 동반될 때는 내쉬는 숨을 좀 더 길게 내뱉으며, 리듬감 있게 두드려준다.

배꼽 아래 아랫배를 시작으로 두드려준다. 어깨에 힘이 들어가지 않도록 한다. 배는 힘을 빼고 압력을 받아들여 장기로 넣어

준다고 상상한다. 아랫배에서 조금씩 올라가며 명치까지 두드려
준다.

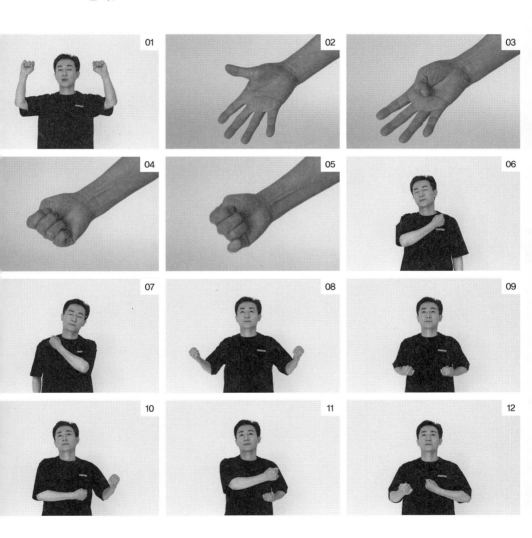

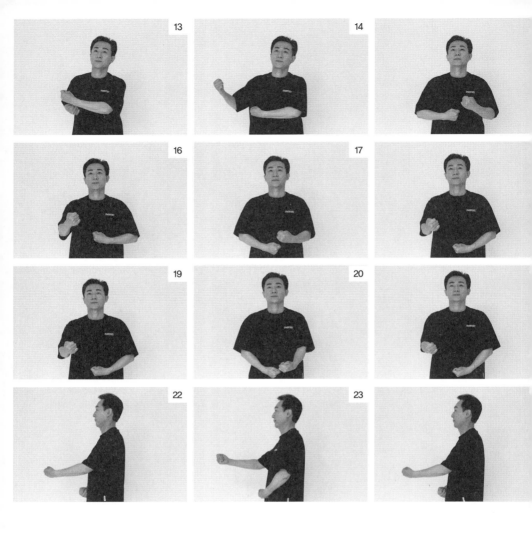

3
가지 부위
충전 체조

다리를 큰 가지, 팔을 작은 가지로 구분하여, 각각 팔과 다리에 에너지 충전을 한다.

특히, 팔과 다리의 각 관절을 돌려주면서 관절을 충전한 후, 손과 발끝까지 뻗쳐주는 동작을 통해 팔과 다리에 충분한 에너지 충전이 되도록 한다.

■ 1. 허리 충전

양발을 어깨너비 1.5배 정도로 벌리고 허리를 좌우로 각각 5회씩 돌려준다. 등을 펴고 상체를 숙여 양 발목을 잡는다. 두 다리의 무릎을 펴고 다리를 뻗어준다. 상체를 숙이며 반동을 10회 정도 실시한다. 골반의 오른쪽을 최대한 밀어서 오른쪽 다리 뒤

쪽 오금이 강하게 당기도록 한다. 역시 반동을 10회 정도 실시한
다. 반대로도 같은 방법으로 실시한다.

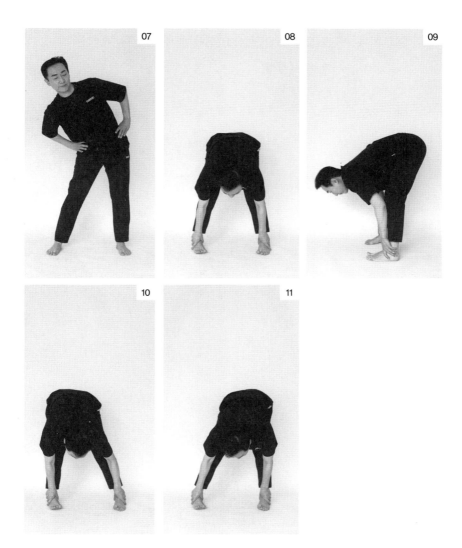

■ 2. 고관절 충전

두 발을 어깨너비보다 2배 정도 넓게 벌린 채 무릎을 살짝 굽히고 선다. 양손으로 고관절을 10회 두드려준다. 이후 좌우로 20회씩 고관절을 돌려준다.

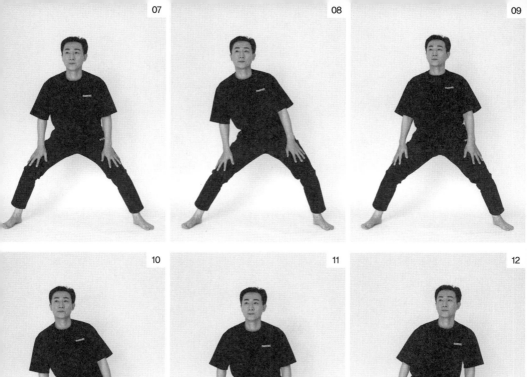

■ **3. 무릎 충전**

  무릎 안쪽에 볼록한 곳을 엄지 끝으로 5초 정도 지압하여 준
다. 무릎을 좌우 20회씩 돌려준다.

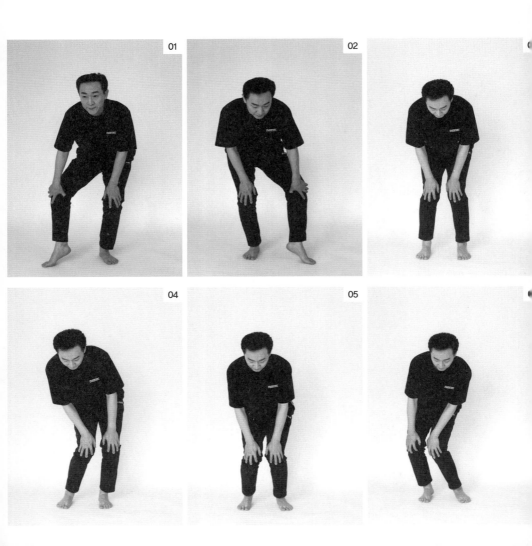

■ 4. 발목 충전

발목, 발등을 꺾어서 늘려주면서 충전한다. 각 동작당 10초 정도 이행한다. 좌우 대칭으로 시행한다.

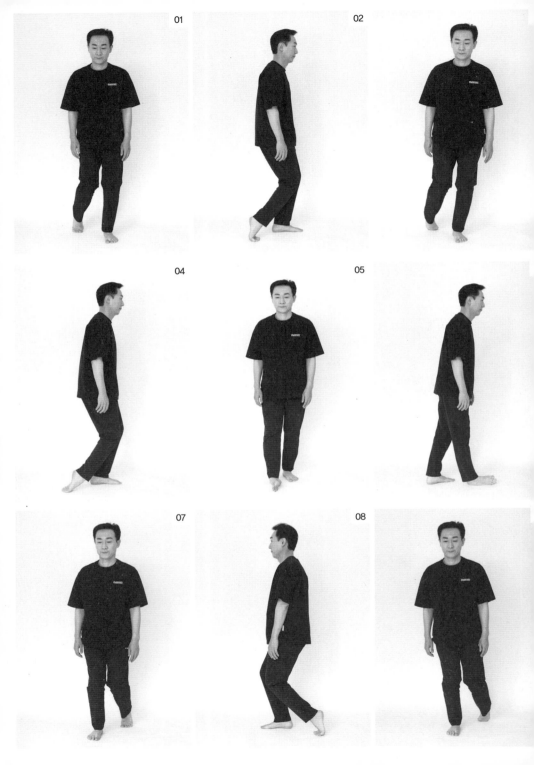

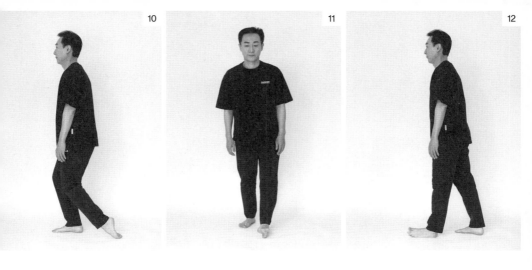

■ 5. 발 충전

발바닥, 발등, 발가락을 충전하여 발 전체를 골고루 충전한다. 좌우 대칭으로 실시한다.

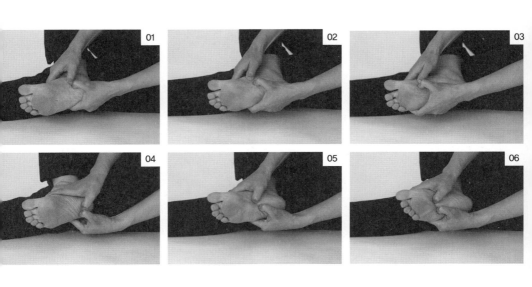

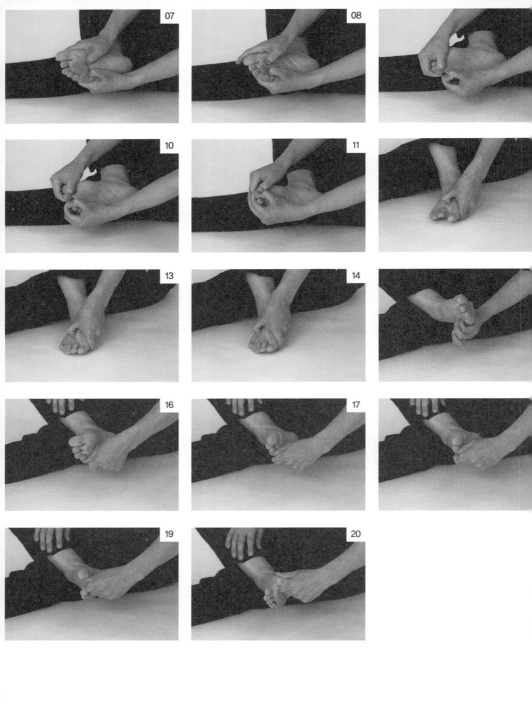

■ 6. 다리 충전

정강이와 종아리를 지압한다. 그런 후 고관절과 다리 뒤쪽에
충전이 되는 자세를 취한다. 좌우 대칭으로 실시한다.

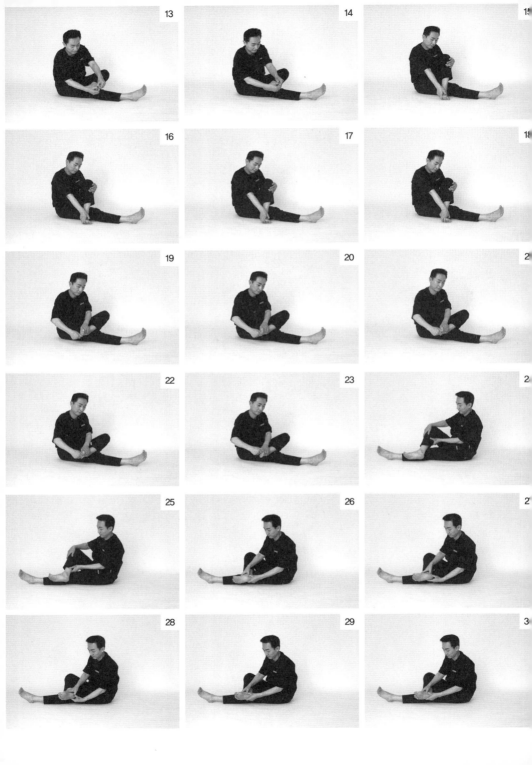

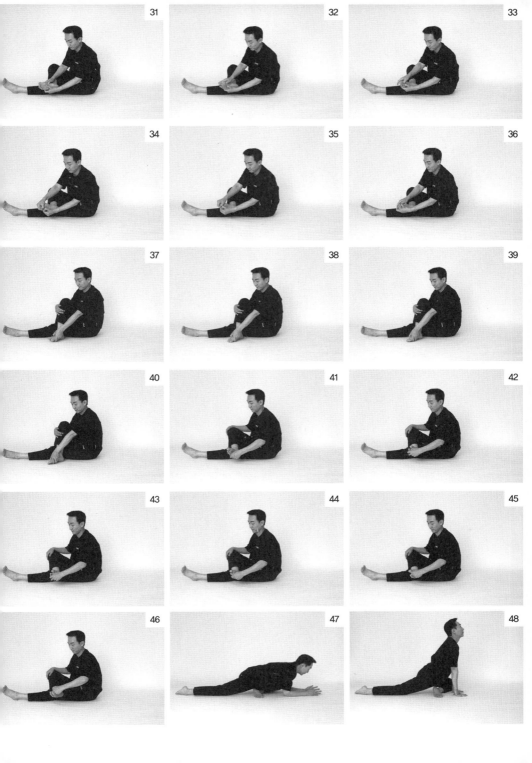

■ 7. 옆구리 충전

　엄지로 가슴둘레의 옆선 림프샘이 있는 곳을 10초 정도 지압해준다. 깍지를 끼고 양팔을 기지개를 켜듯이 쭉 뻗어 올린다. 팔꿈치를 최대한 펴준다. 팔의 위치가 귀와 일치하도록 한다. 오른쪽으로 팔을 뻗으며 상체를 옆으로 기울이면서 시선은 정면을 향하고 골반은 왼쪽으로 밀어준다. 반동을 10회 해주고 정지한 상태에서도 천천히 상체를 바로 세운다. 반대 방향으로도 그대로 실시한다.

■ 8. 어깨 충전

엄지손가락과 중지로 어깨 관절 앞쪽과 뒤쪽을 지압하며 어깨 관절을 충전한다. 어깨높이로 팔을 들어 올려 사진과 같이 주먹을 쥔다. 그리고 양쪽 견갑골을 척주 중심으로 모으는 느낌으로 최대한 팔꿈치를 뒤로 당겼다 가슴 앞으로 풀었다를 반복한다. 약 20회 가량 실시한다. 팔꿈치의 각도를 30도가량 아래로 내려서 같은 요령으로 실시한다. 반동을 주면서 견갑골 주변의 근육을 충전하며 이완한다.

가슴 높이에 편안하게 양손을 두고 팔꿈치를 수평으로 들어 올린다. 팔꿈치로 최대한 크게 원을 그리며 앞으로 20번, 뒤로 20번 돌린다. 관절을 돌려 림프액의 순환을 돕는다. 어깨와 어깨뼈의 회전운동은 팔꿈치로 원을 그린다. 어깨를 돌리지만, 의식은 팔꿈치 회전에 집중한다. 팔의 뿌리가 되는 견갑골 주변의 충전에 효과적이다. 오십견, 사십견을 예방할 수 있다. 팔을 접어서 팔꿈치로 원을 크게 그리며 가볍게 돌린다.

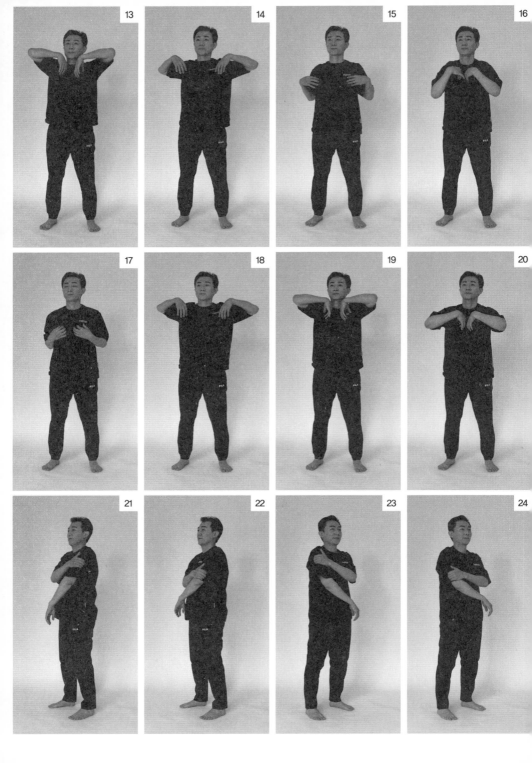

■ 9. 팔꿈치 충전

팔을 가볍게 접어서 손으로 팔꿈치를 감싸고 엄지로 쏙 들어
가는 관절 부위를 지압한다. 지압한 포인트의 반대쪽 대칭점을
중지나 검지로 지압을 한다. 한 포인트의 지압은 3초 정도 실시
한다. 바르게 서서 양팔을 편안하게 아래로 뻗는다. 주먹을 가볍
게 쥐고 팔꿈치를 중심축으로 하여 팔을 가볍게 회전시켜 준다.
밖에서 안으로 한 방향으로 20회 실시한다. 팔꿈치의 높이는 고
정시키고 팔꿈치 아래팔을 돌려준다.

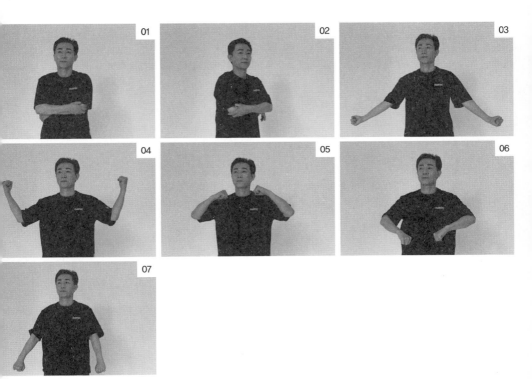

■ 10. 손목 충전

    손목 관절도 엄지로 연결되는 위치는 엄지로 지압을 하고 반대쪽 대칭점을 중지나 검지로 지압한다. 한 포인트의 지압은 3초 정도 실시한다. 주먹을 꽉 쥔다. 손목을 중심으로 주먹을 천천히 돌린다. 안으로 10회, 밖으로 10회 회전한다.

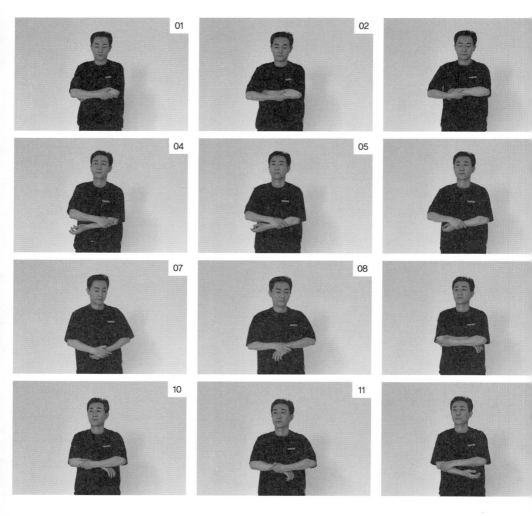

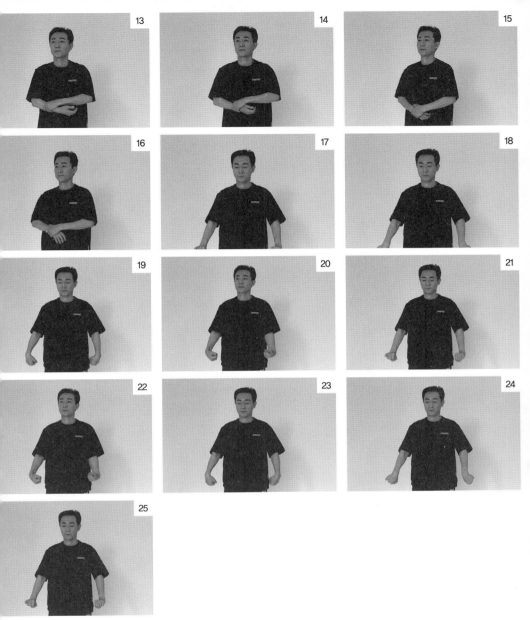

■ 11. 손 충전

한 손은 주먹을 살짝 쥔다. 다른 손으로 주먹을 받쳐준다. 엄지 끝으로 주먹의 모서리 골을 지압해준다. 한 포인트 당 3초 정도 지압한다. 주먹을 펴서 엄지와 검지 사이 합곡도 지압을 해준다. 합곡을 시작으로 손등의 중수골 사이를 손목에서 손가락 방향으로 내려오면서 지압해준다. 다섯 손가락 꼼꼼하게 해준다. 손가락의 뿌리에서 시작하여 손가락 끝까지 옆선을 비비며 지압해준다. 새끼손가락에서 시작해 엄지손가락까지 해준다. 손 관절 지압하기는 한 손을 다 마무리하고, 반대손도 동일하게 실시한다.

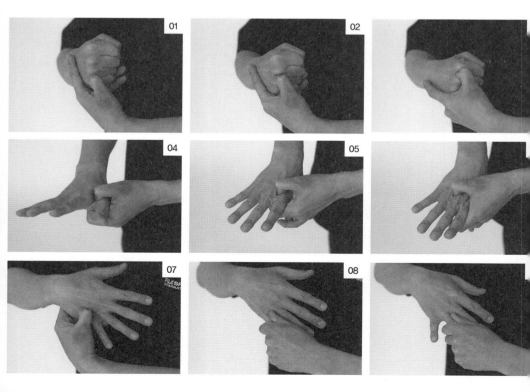

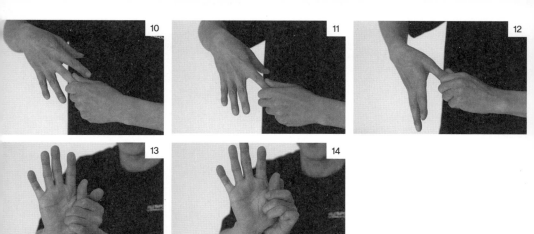

■ 12. 팔 충전

양팔을 어깨높이로 들어서 가슴을 펴고, 팔 뻗치기를 1~2단
계 등 각 단계 별로 손의 모양을 다르게 취하여 팔을 뻗친다. 양
팔을 벌려 양 손끝을 뻗친다. 그 상태에서 어깨를 앞으로 비틀어
주고 뒤로도 회전하여 비틀어준다. 양어깨를 좌우로 엇갈려서
비틀어준다. 반대로도 실시한다. 양팔을 어깨높이로 뻗친다. 손
목을 90도로 꺾어 손등을 당겨준다. 그 상태에서 어깨를 앞으로
비틀어주고 뒤로도 회전하여 비틀어준다. 양어깨를 좌우로 엇갈
려서 비틀어준다. 반대로도 실시한다.

4
누워서 전신
충전 체조

서서 하는 충전 체조를 통해 인체를 뿌리, 줄기, 가지 부위로 나누어서 부위별로 에너지 충전을 실시 후, 누워서 하는 충전 자세 4가지를 약 2세트 정도 반복시행을 통해 에너지 충전을 더욱 증폭시킨다.

다리를 큰 가지, 팔을 작은 가지로 구별하여, 각각 팔과 다리에 에너지 충전을 한다.

특히, 팔과 다리의 각 관절을 돌려주면서 관절을 충전한 후, 손과 발끝까지 뻗쳐주는 동작을 통해 팔과 다리에 충분한 에너지 충전이 되도록 한다.

■ 1. 등 구르기

   먼저 등을 둥글게 말아서 등 구르기를 실시한다. 매일 아침 잠자리에서 일어나서 가장 먼저 실시 해주면 좋다. 딱딱한 방바닥이나 얇은 요가 매트 위에 무릎을 모으고 등을 공처럼 둥글게 말고 앉는다. 천천히 꼬리뼈에서부터 천추, 요추, 흉추, 경추가 눌리도록 뒤로 굴러서 누웠다가 다시 앉기를 반복한다. 척추 선을 따라서 약 10~15회 시행한다. 몸의 유연성에 따라 등 구르기는 개인 차이가 있다. 반복할수록 척주 유연성이 회복되어 동작이 자연스럽게 된다.

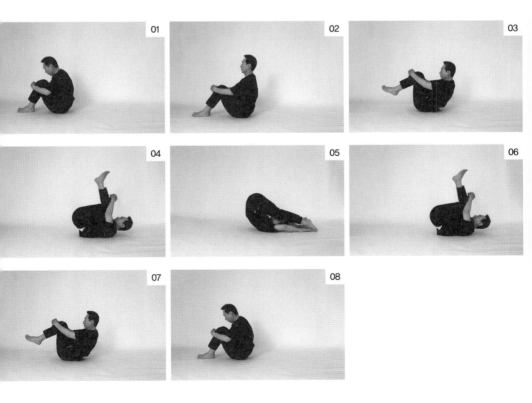

■ 2. 충전 1번 자세

등 구르기 준비 자세에서 뒤로 구르면서 다리를 뻗친다. 팔은 머리 위로 편안하게 올려준다. 발끝은 창처럼 뻗쳐서 다리 앞쪽을 충전한다. 자세는 약 30초 정도 시행한다. 이후 발목을 당겨서 다리 뒤쪽을 충전한다. 역시 약 30초 정도 시행한다.

■ 3. 충전 2번 자세

무릎을 세우고 누운 자세에서 양발을 들어 양손으로 발의 바깥 선을 감싸 잡는다. 등은 바닥에 붙이고 최대한 펴준다. 그리하여 엉덩이가 최대한 들리지 않도록 한다. 그리고 다리를 편다. 발과 발목의 각도가 90도가 되도록 하여 다리 뒤를 펴주며 당김의 느낌과 함께 다리 뒤쪽에 에너지 충전을 한다. 자세는 약 30초 정도 유지한다. 그런 후 발꿈치를 양손으로 감싸 쥐고 발목과 발끝을 뻗친다. 그리하여 다리 앞쪽에 에너지 충전이 되도록 한다.

■ 4. 충전 3번 자세

중간 이완 자세에서 머리를 들어 양 발바닥을 붙이고 양손은 깍지를 낀다. 발끝은 벌리고 양 무릎은 수평이 되도록 다리 아래로 최대한 내려주며 등 전체를 펴면서 머리도 바닥에 내려준다. 고관절의 유연성에 따라서 무릎의 수평 위치가 달라진다. 다리가 V에서 수평으로 내려올 수 있도록 한다.

■ 5. 충전 4번 자세

중간 이완 자세에서 양팔을 앞으로 뻗는다. 손의 모양은 3가지로 단계별로 취한다. 1단계는 주먹을 쥐는 것이고, 2단계는 손바닥을 하늘을 보도록 펴고 양손 끝을 뻗친다. 약 2분가량 자세를 유지하며 충전 호흡을 한다. 충전 4번 자세는 인체 에너지 충전에 있어 가장 효율적인 자세이다.

　팔 동작은 각각의 단계별 손 자세에서 손목을 90° 꺾어 주어 기압을 더 뻗어 준다. 손끝과 발끝이 뻗어 있어야 한다. 팔과 다리는 들고 있는 것이 아니라 뻗치고 있다는 의식으로 자세를 유지한다.

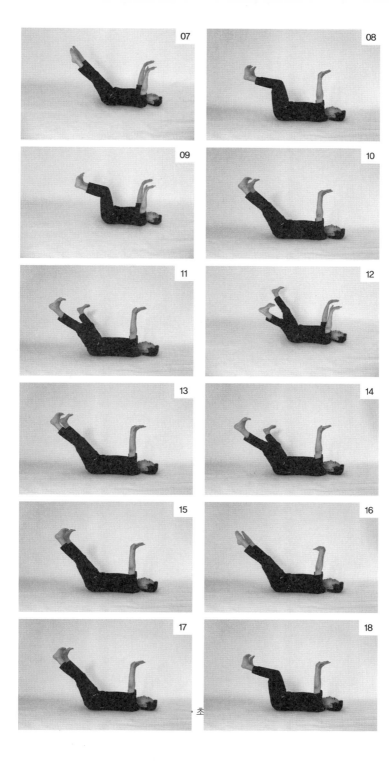

■ 6. 이완 자세

반가부좌 이완 자세를 취하며 좌우 다리를 1분 정도씩 교차해
충전 호흡을 실시하며 이완한다. 이완하기를 마무리하고 일어나
기 전에 척추를 따라서 등 구르기를 5회 정도 실시한 후 자리에
앉는다.

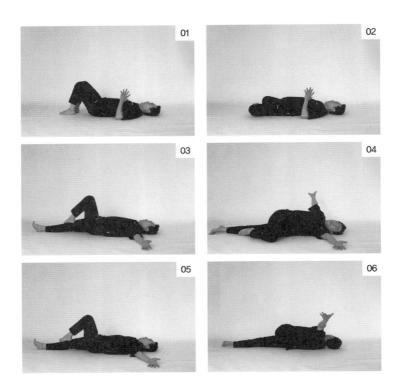

참고 도서

〈단행본〉

이성권, 《기적을 부르는 생각 치유법》, 건강다이제스트사, 2005

박문호, 《그림으로 읽는 뇌과학의 모든 것》, 휴머니스트, 2013

김주환, 《내면소통》, 인플루엔셜, 2023

하루야마 시게오, 오시연 번역, 《뇌내혁명》, 중앙생활사, 2020

네빌 고다드, 《네빌고다드의 부활》, 서른세개의 계단, 2014

조 디스펜자, 추미란 번역, 《당신도 초자연적이 될 수 있다》, 2017

나이토 요시히토, 김윤경 번역, 《말버릇의 힘》, 비즈니스북스, 2021

모치즈키 도시타카, 은영미 역, 《보물지도》, 2003

나폴레온 힐, 김정수 번역, 《나폴레온 힐 성공의 법칙》, 중앙경제평론사, 2023

나폴레옹 힐, 《생각하라 그러면 부자가 되리라》, 와일드북, 2022

다사카 히로시, 한이명 번역, 《운을 끌어당기는 과학적인 방법》, 2020

이의원, 《암 난치병 이제는 기의학이다》, 동제사, 2003

정재호, 《염력을 일으키는 호흡기법》, 좋은땅, 2014

정재호, 《인체전기 자가발전에 도전하라》, 좋은땅, 2023

콜린 로스(Colin A. Ross), 김건 번역, 《인체 에너지장》, 군자출판사, 2011

앨릭스 코브 저서, 《우울할 땐 뇌과학》, 심심, 2018

에이미 커디, 이경식 번역, 《프레즌스》, 알에이치코리아, 2015

요시이 마사시, 장은주 번역, 《하루 5분 습관 수업》, 현대지성, 2021

게일 가젤, 손현선 번역, 《하버드 회복탄력성 수업》, 현대지성, 2021

정성훈, 《헬피니스 파워》, 라온북, 2018

〈논문〉

정성훈, 〈자기경영 건강 프로그램이 스트레스 완화 및 예방에 미치는 영향〉,
    고려대학교 석사 학위논문, 2018.

정성훈·이일봉, 〈자기경영 헬스케어 프로그램이 중년 여성의 스트레스 지각에
    미치는 영향〉, 대구한의대학교 기초과학연구소, 2023.

정성훈·이민희·이일봉, 〈대학생의 번아웃 증후군 개선을 위한 자기경영 헬스
    케어 프로그램 적용 연구〉, 대구한의대학교 기초과학연구소, 2023

정성훈·이일봉, 〈자기경영 헬스케어 프로그램이 중년 여성의 스트레스 강인성
    에 미치는 영향, 대구한의대학교 기초과학연구소〉, 2023

정성훈·함명자·이민희, 〈자기경영 헬스케어 프로그램이 소방공무원의 회복탄
    력성에 미치는 영향〉, 운동재활복지학회, 2022

정성훈·황명진, 〈헬피니스 자기경영 운영체계 교육이 현대 성인의 스트레
    스 지각과 직무 스트레스 및 직무 성과에 미치는 효과. 한국코칭학회,
    2018

북큐레이션 • 판이 바뀌는 시대, 새로운 세상을 주도하는 이들을 위한 라온북의 책

《자기경영 헬스케어》와 함께 읽으면 좋을 책. 마음과 몸의 건강이 성공으로 나아가는 필수 조건임을 깨달아야 미래의 주인공이 됩니다.

몸의 문제와
마음의 문제는
하나다!

마음을 바꾸는 몸, 몸을 바꾸는 마음

차경수, 김동희, 정유나, 송현숙, 도선영, 이계원, 김선희 지음 | 19,500원

**병명도 모르고 계속 아픈 당신,
문제는 다른 곳에 있을 수 있다**

몸과 마음의 병은 어느 시대에나 어느 삶에나 서로 연관된 경우가 종종 있다. 자세히 들여다보면 원인을 알 수 없는 병의 실타래를 해결할 실마리는 마음에서 시작될 수도, 혹은 몸의 문제에서 시작될 수도 있다. 그 지혜로운 해법을 이 책 《마음을 바꾸는 몸, 몸을 바꾸는 마음》은 종합적인 관점에서 잘 제시해 주는 책이다.

산업과 경제가 발전한 만큼, 그 어느 때보다 유해한 환경과 스트레스에 노출되기 쉬운 현대인의 삶. 독자들이 이 책 《마음을 바꾸는 몸, 몸을 바꾸는 마음》을 통해 건강하고 행복한 생활을 회복할 계기를 마련해 보기 바란다.

황선홍 감독
신태용 감독
김기동 감독
강력 추천!

피지컬 코치, 축구시장의 판을 바꿔라

손동민 지음 | 17,000원

**6학년 때 브라질로 축구 유학을 떠난 꼬마,
20대 유일의 K-리그 1 피지컬 코치가 되다!**

2002년 월드컵 이후로 한국 축구는 대전환을 맞이하게 되었고, 심지어 이제 그 이후의 세대가 무서운 속도로 성장하여 한국 축구판에 20대 프로 피지컬 코치가 등장하게 되는 참으로 낯설고도 신선한 상황이 벌어졌다.

이 책은 바로 그 변화의 중심 속에 있는 국내 유일 20대 프로축구 피지컬 코치의 시선으로 바라본 대한민국 축구의 현장과 미래에 대한 이야기이다. 감독이 원하는 전술, 전략을 충실하게 구현해 낼 수 있는 선수의 몸 상태를 만들어내고 관리하는 전문가로서 피지컬 코치가 지녀야 할 본질적인 모습을 이 책은 담아내고 있다.

파워루틴핏

정세연 지음 | 19,500원

**핵개인 시대를 주도하는 당신의
하이퍼 퍼스낼리티 강화 전략**

직장 선배는 있지만 인생 선배는 없는 요즘, 저자에게도 이러한 삶의 공식을
알려줄 인생 선배가 없었다. 그저 혼자 버텨내기 바빴던 시간들, 돈을 쓰고 맛
있는 것을 먹는 것이 유일한 낙이었던 후회의 시간들. 그 시간들 속에서 몸소
하나하나 부딪히며 깨달은 것들을 이 책에 풀어냈다. 공기업에서 17년 차 여자
차장으로 쌓아온 내공과 지혜, 경험을 온전히 녹여내었다.
행복해지고 싶고 이제는 좀 달라지고 싶지만 어디서부터 어떻게 시작해야 할
지 모르겠다면, 파워 루틴핏으로 오늘이라는 계단을 올라보길 바란다. 한 번에
한 계단씩 천천히 행복하게 오를 수 있도록 파워 루틴 코치인 저자가 도와줄
것이다. 일상 속 사소하지만 중요한 고민들의 해답을 얻길 바라며, 이제 함께
파워 루틴핏을 시작해보자.

**홀로 당당하게
활약하고 인정받는
1% 인재들의
노하우**

퍼스널 브랜딩 피부

남수현 지음 | 19,800원

**피부 브랜딩 멘토에게 듣는
새로운 비주얼 경쟁력 강화법**

이 책은 피부에 대한 이해와 올바른 관리 방법을 전달하며, 뷰티 메타인지를
통해 자기 피부의 정체성을 찾고, 스스로가 자신의 피부 컨디션을 컨트롤 할
수 있으며 자기 피부에 대한 이해를 높이는 데에 목적이 있다. 이 책을 통해 건
강하고 아름다운 피부를 가꾸는 방법을 쉽게 습득할 수 있을 것이다. 또한 매
력적인 피부관리가 퍼스널 브랜딩을 위한 자기 계발의 무기가 될 수 있다는 것
을 독자들이 새삼 상기하게 될 것이다.

**나의 브랜드
가치를 높이는
아름다움의 전략을
찾아라**